KB106900

항공 실무 일어

저자 김영심

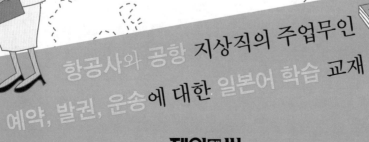

항공사와 공항 지상직의 주업무인
예약, 발권, 운송에 대한 일본어 학습 교재

제이앤씨
Publishing Company

·항·공·실·무·일·어·

머리말

· 항 · 공 · 실 · 무 · 일 · 어 ·

본 교재는 항공사와 공항의 지상직에서 요구되는 일본어 학습을 목표로 한다. 예약, 발권, 운송 현장에서 필요한 핵심 사항을 추린 것이므로 본 교재를 충실히 학습한다면 현장에서의 일본인 고객 응대에 많은 도움이 되리라 믿는다.

본 교재의 구성은 현장의 상황을 대화식으로 익히고, 필요한 단어와 어구 학습을 통해 일본어 능력을 함양하는 동시에 항공업무, 일본의 항공사 지식을 터득함으로써 지상 근무의 전문성까지 얻을 수 있도록 짜여졌다. 또한 일본어 기초를 1년 정도 학습한 사람이라면 혼자서라도 숙달할 수 있도록 수준조절에 힘썼다.

본 교재의 효율적 학습방법은 다음과 같다.

❶ 본문에 들어가기 전에 미리 항공사에서 많이 쓰고 있는 단어들을 학습해 둔다.

❷ 본문의 회화는 암기 위주로 하며, 문장 중 이해하기 힘든 구문은 해설편의 문법설명을 참조한다.

❸ [꼭 알아둡시다!]-[연습해봅시다!]는 문법위주의 문제가 아닌 실제 항공사에서 사용하는 내용이다. 이 부분 또한 중요한 것이므로 본문과 연관시켜 학습해 나아가도록 한다.

❹ 일본항공사와 항공사 관련 상식을 소개하는 [더 알아둡시다!]를 통해 항공 업무 지식의 폭을 넓힐 수 있을 것이다.

❺ 단어의 뜻, 본문해석, 문법설명, 연습문제의 답을 수록한 [설명편]을 잘 활용한다.

❻ 본 교재의 학습 중 가장 난해한 곳은 서비스 분야에서 쓰이는 존경표현과 겸양표현이다. 이 부분을 반복 학습하여 자연스럽게 구사할 수 있도록 노력한다.

본 교재의 주대상은 인하공업전문대학 항공경영과의 [항공실무일어]강좌를 수강하는 학생이다. 본 강좌에서는 2004년도 주문식교재(원격콘텐츠)개발에 의해 개발한 DVD와 그 본문을 바탕으로 수업이 이루어져 왔다. 당시 대한항공 교육개발원의 도움으로 완성된 콘텐츠는 높은 수업 효과를 가져다 주었다. 이번 교재는 2004년도의 것을 기본골격으로 하여 변화하는 항공사 업무의 내용을 첨삭하여 새롭게 구성한 것이다. 항공업무의 내용을 전문적으로 다룬 일본어 교재가 그다지 많지 않은 출판 시장의 여건상 본 교재는 인하공업전문대학 항공경영과에서뿐만 아니라 항공업에 종사하는 분들에게도 유효하리라 확신한다.

마지막으로 출판을 흔쾌히 받아주신 제이앤씨와 항공업무에 대해 많은 조언을 해 주신 항공경영과 허국강, 이휘영 교수님께도 감사의 말씀을 전한다.

2010년 2월 연구실에서

저자 김영심

목 차

·항·공·실·무·일·어·

제 **3** 부   **설명편** ⋯ 121

항공실무일어

제 1 부
연습편

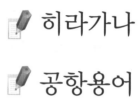 히라가나

 공항용어

ひらがな

청음

	あ행	か행	さ행	た행	な행	は행	ま행	や행	ら행	わ행	
a단	あ [a]	か [ka]	さ [sa]	た [ta]	な [na]	は [ha]	ま [ma]	や [ya]	ら [la]	わ [wa]	
i단	い [i]	き [ki]	し [shi]	ち [chi]	に [ni]	ひ [hi]	み [mi]		り [li]		
u단	う [u]	く [ku]	す [su]	つ [tsu]	ぬ [nu]	ふ [hu]	む [mu]	ゆ [yu]	る [lu]		
e단	え [e]	け [ke]	せ [se]	て [te]	ね [ne]	へ [he]	め [me]		れ [le]		
o단	お [o]	こ [ko]	そ [so]	と [to]	の [no]	ほ [ho]	も [mo]	よ [yo]	ろ [lo]	を [wo]	ん [N]

탁음

	が行	ざ行	だ行	ば行
a단	が [ga]	ざ [za]	だ [da]	ば [ba]
i단	ぎ [gi]	じ [ji]	ぢ [ji]	び [bi]
u단	ぐ [gu]	ず [zu]	づ [zu]	ぶ [bu]
e단	げ [ge]	ぜ [ze]	で [de]	べ [be]
o단	ご [go]	ぞ [zo]	ど [do]	ぼ [bo]

반탁음

	ぱ行
a단	ぱ [pa]
i단	ぴ [pi]
u단	ぷ [pu]
e단	ぺ [pe]
o단	ぽ [po]

🖐 요음(청음)

きゃ [kya]	しゃ [sha]	ちゃ [cha]	にゃ [nya]	ひゃ [hya]	みゃ [mya]	りゃ [lya]
きゅ [kyu]	しゅ [shu]	ちゅ [chu]	にゅ [nyu]	ひゅ [hyu]	みゅ [myu]	りゅ [lyu]
きょ [kyo]	しょ [sho]	ちょ [cho]	にょ [nyo]	ひょ [hyo]	みょ [myo]	りょ [lyo]

🖐 요음(탁음 / 반탁음)

ぎゃ [gya]	じゃ [ja]	びゃ [bya]	ぴゃ [pya]
ぎゅ [gyu]	じゅ [ju]	びゅ [byu]	ぴゅ [pyu]
ぎょ [gyo]	じょ [jo]	びょ [byo]	ぴょ [pyo]

■ カタカナ

🖐 청음

	ア행	カ행	サ행	タ행	ナ행	ハ행	マ행	ヤ행	ラ행	ワ행	
a단	ア [a]	カ [ka]	サ [sa]	タ [ta]	ナ [na]	ハ [ha]	マ [ma]	ヤ [ya]	ラ [la]	ワ [wa]	
i단	イ [i]	キ [ki]	シ [shi]	チ [chi]	ニ [ni]	ヒ [hi]	ミ [mi]		リ [li]		
u단	ウ [u]	ク [ku]	ス [su]	ツ [tsu]	ヌ [nu]	フ [hu]	ム [mu]	ユ [yu]	ル [lu]		
e단	エ [e]	ケ [ke]	セ [se]	テ [te]	ネ [ne]	ヘ [he]	メ [me]		レ [le]		
o단	オ [o]	コ [ko]	ソ [so]	ト [to]	ノ [no]	ホ [ho]	モ [mo]	ヨ [yo]	ロ [lo]	ヲ [wo]	ン [N]

🖐 탁음

	ガ행	ザ행	ダ행	バ행
a단	ガ [ga]	ザ [za]	ダ [da]	バ [ba]
i단	ギ [gi]	ジ [ji]	ヂ [ji]	ビ [bi]
u단	グ [gu]	ズ [zu]	ヅ [zu]	ブ [bu]
e단	ゲ [ge]	ゼ [ze]	デ [de]	ベ [be]
o단	ゴ [go]	ゾ [zo]	ド [do]	ボ [bo]

🖐 반탁음

	パ행
a단	パ [pa]
i단	ピ [pi]
u단	プ [pu]
e단	ペ [pe]
o단	ポ [po]

🐾 요음(청음)

キャ [kya]	シャ [sha]	チャ [cha]	ニャ [nya]	ヒャ [hya]	ミャ [mya]	リャ [lya]
キュ [kyu]	シュ [shu]	チュ [chu]	ニュ [nyu]	ヒュ [hyu]	ミュ [myu]	リュ [lyu]
キョ [kyo]	ショ [sho]	チョ [cho]	ニョ [nyo]	ヒョ [hyo]	ミョ [myo]	リョ [lyo]

🐾 요음(탁음 / 반탁음)

ギャ [gya]	ジャ [ja]	ビャ [bya]	ピャ [pya]
ギュ [gyu]	ジュ [ju]	ビュ [byu]	ピュ [pyu]
ギョ [gyo]	ジョ [jo]	ビョ [byo]	ピョ [pyo]

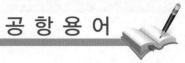

飛行機 ひこうき 비행기			
航空 こうくう 항공			
予約 よやく 예약			
出発 しゅっぱつ 출발			
到着 とうちゃく 도착			
時刻 じこく 시각			
片道 かたみち 편도			
往復 おうふく 왕복			
乗客 じょうきゃく 승객			

座席 ざせき 좌석			
手荷物 てにもつ 수하물			
料金 りょうきん 요금			
入国 にゅうこく 입국			
出国 しゅっこく 출국			
審査 しんさ 심사			
国際 こくさい 국제			
搭乗 とうじょう 탑승			

항공에 관한 기본 단어(외래어)　공항용어

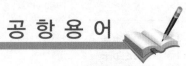

パスポート 패스포트			
イコノミー 이코노미			
ビジネス 비지니스			
ファースト 퍼스트			
クラス 클래스			
キャンセル 캔슬			
チケット 티켓			
サイン 사인			

カード 카드			
ゲート 게이트			
チェックイン 체크인			
カウンター 카운터			
マイレージ 마일리지			
スチュワデース 스튜어디스			
ネームタッグ 네임태그			
ビザ 비자			
セルフ チェックイン 셀프체크인			

MEMO

항공실무일어

제 2 부
본문편

제1과 **예약접수**

---

01 날짜와 행선지 확인

P : あの、予約を したいんですが。

A : いつ、どちらまで いらっしゃいますか。

P : 9月10日、羽田までですけど。

A : 9月10日、羽田までで ございますね。

예 약
Reservation

단어 ✎

あの	予約^{よやく}	を	ん	です	が
いつ	どちら	まで	いらっしゃる		
9月^{くがつ}	10日^{とおか}	羽田^{はねだ}	まで	けど	ね

어구 ✎

- ・したいんですが : したい(する의 희망표현)＋ん(강조)＋です＋が(종조사). 뜻은 '하고싶습니다만..'
- ・いらっしゃいますか : いらっしゃいます(いらっしゃる의 ます형)＋か(의문종조사). いらっしゃる는 '가시다, 계시다, 오시다'. 여기에서는 '가십니까?'.
- ・～で ございます : ～で＋ございます(ござる의 ます형). ～です(입니다)의 겸양표현.

02 이름 확인

A ： お客様、お名前を パスポートのローマ字で お願いします。

P ： TANAKA MAKOTOです。

A ： たなか まこと様ですね。

ごいっしょの方も お願いします。

P ： ノムラ ショウジ、NOMURA SHOUJIです。

A ： ノムラ ショウジ様ですね。ありがとうございます。

단어 ✎

お客様	お名前	パスポート	の	ローマ字	で
お願いします	様	ごいっしょ	方	も	ありがとうございます

기본수

	1	10
1	いち	じゅう
2	に	にじゅう
3	さん	さんじゅう
4	し・よん	よんじゅう
5	ご	ごじゅう
6	ろく	ろくじゅう
7	しち・なな	ななじゅう
8	はち	はちじゅう
9	く・きゅう	きゅうじゅう

月

1月	2月	3月	4月	5月	6月
いちがつ	にがつ	さんがつ	しがつ	ごがつ	ろくがつ
7月	8月	9月	10月	11月	12月
しちがつ	はちがつ	くがつ	じゅうがつ	じゅういちがつ	じゅうにがつ

日

1日 ついたち	2日 ふつか	3日 みっか	4日 よっか	5日 いつか	6日 むいか	7日 なのか
8日 ようか	9日 ここのか	10日 とうか	11日 じゅういち にち	12日 じゅうに にち	13日 じゅうさん にち	14日 じゅう よっか
15日 じゅうご にち	16日 じゅうろく にち	17日 じゅうしち にち	18日 じゅうはち にち	19日 じゅうく にち	20日 はつか	21日 にじゅう いちにち
22日 にじゅうに にち	23日 にじゅう さんにち	24日 に じ ゅ う よっか	25日 にじゅうご にち	26日 にじゅう ろくにち	27日 にじゅう しちにち	28日 にじゅう はちにち
29日 にじゅうく にち	30日 さんじゅう にち	31日 さんじゅう いちにち				

● 각 항공사의 나리타로 운항하는 운항기간표입니다.

　 운항기간을 일본어로 말해봅시다.

예) 01.02~03.02 : いちがつ ついたち / さんがつ ふつか

항공사	편명	목적지	운항기간
JAL JAPAN AIRLINES	JL950	NRT	02.15~05.20
(로고)	KE5001	NRT	04.05~07.13
AA	AA5833	NRT	06.10~09.30
Continental Airlines	CO4412	NRT	08.08~11.24
ANA	NH6972	NRT	10.06~01.14

더 알아둡시다!

● 일본의 기념일 중 공휴일로 지정된 날입니다.

1월	1일	설날 元旦
	제2월요일	성인의 날 成人の日
2월	11일	건국기념일 建国記念日
3월	22일	춘분의 날 春分の日
4월	29일	쇼와의 날 昭和の日 쇼와(昭和)시대의 부흥을 거울삼아 일본의 장래를 생각하는 날
5월	3일	헌법기념일 憲法記念日
	4일	녹색의 날 みどりの日 자연을 생각하는 날
	5일	어린이날 子供の日
7월	제3월요일	바다의 날 海の日
9월	제3월요일	경로의 날 敬老の日
	23일	추분의 날 秋分の日
10월	제2월요일	체육의 날 体育の日
11월	3일	문화의 날 文化の日
	23일	근로감사일 勤労感謝の日
12월	23일	천황탄생일 天皇誕生日

* 해피먼데이 : 축일이 토요일이나 일요일과 겹쳐지는 것을 막기 위해 '제2, 3월요일'로 지정
된 축일. 2000년부터 시행됨.

* 2009년도 기준이며 정책에 따라 바뀔수 있음.

제2과　예약 재확인

01　손님으로부터의 재확인

P　：　予約の　再確認なんですが。

A　：　はい、ご予約番号は　ご存じですか。

P　：　854の9736です。

A　：　きたむら　ひろし様ですね。

P　：　はい、そうです。

A　：　きたむら　ひろし様、

　　　　9月10日、午後6時40分　大阪行きの　大韓航空722便、

　　　　確かに、ご予約　できて　おります。

단어

再確認 さいかくにん	なん	はい	予約番号 よやくばんごう	は	ご存じ ぞん
大阪 おおさか	行き ゆ	大韓航空 だいかんこうくう	722便 ななににびん	確かに たし	

어구

· ご存じですか : 知る(알다)의 존경어. '아십니까?'

· できて おります : できて(できる의 음편형)＋おります(おる의 ます형). できる는 '성
립되다', おる는 '있다'이므로 '되어져 있습니다'라는 뜻. おる는 いる(있다)의 겸양표현.

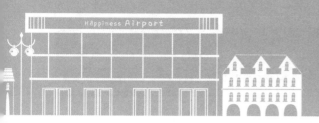

02 예약의 재확인

P　：　すみません、予約の　再確認なんですが。

A　：　いつ、どちらまで　いらっしゃいますか。

P　：　5月7日、午後5時30分、大阪までです。

A　：　少々　お待ち　ください。

お客様、5月7日、午後5時30分　出発の　大韓航空　701便、

大阪行きに　ビジネスクラスで、確かに　ご予約　できて

おります。

단어

すみません	午後(ごご)	少々(しょうしょう)	5時30分(ごじさんじゅっぷん)	出発(しゅっぱつ)
701便(ななまるいちびん)	に	ビジネスクラス		

어구

・お待(ま)ち　ください：お＋待(ま)ち(待つ의 연용형)＋ください. '기다려주십시오'라는 뜻.
　'待(ま)って　ください'의 존경표현.

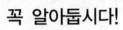
時

1時 いちじ	2時 にじ	3時 さんじ	4時 よじ	5時 ごじ	6時 ろくじ
7時 しちじ	8時 はちじ	9時 くじ	10時 じゅうじ	11時 じゅういちじ	12時 じゅうにじ

分

1分	いっぷん	13分	じゅうさんぷん
2分	にふん	14分	じゅうよんぷん
3分	さんぷん	15分	じゅうごふん
4分	よんぷん	16分	じゅうろっぷん
5分	ごふん	17分	じゅうななふん
6分	ろっぷん	18分	じゅうはっぷん
7分	ななふん	19分	じゅうきゅうふん
8分	はっぷん	20分	にじゅっぷん
9分	きゅうふん	30分/半	さんじゅっぷん/はん
10分	じゅっぷん	40分	よんじゅっぷん
11分	じゅういっぷん	50分	ごじゅっぷん
12分	じゅうにふん		

● 각 항공사의 출발예정시각을 일본어로 말해봅시다.

항공사	운항편명	출발예정시각	목적지
	KE895	13:20	상하이 / 푸동
 OZ737	15:15	씨엠립
	MU8379	09:50	베이징
	KE121	11:30	시드니
	UA4685	12:40	델리
	VN1937	19:25	하노이

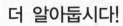

일본인들은 알파벳을 어떻게 발음하고 표기할까요?

A	[에-] エー/エイ	N	[에느] エヌ
B	[비-] ビー	O	[오-] オー
C	[씨-] シー	P	[피-] ピー
D	[디-] ディー/ デー	Q	[큐-] キュー
E	[이-] イー	R	[아르] アール
F	[에후] エフ	S	[에스] エス
G	[지-] ジー	T	[티-] ティー/テー
H	[엣치] エッチ/エイチ	U	[유-] ユー
I	[아이] アイ	V	[브이] ブイ/ ヴイ
J	[제-] ジェー/ジェイ	W	[다브류-] ダブリュー
K	[케-] ケー/ケイ	X	[엑쿠스] エックス
L	[에루] エル	Y	[와이] ワイ
M	[에므] エム	Z	[젯또] ゼット

◉ 다음을 일본어식으로 발음해 봅시다.

1. NHK, TBC, JLTP, HIS, game, animation

2. 자신의 이름을 로마자로 표기하고 읽어봅시다.

MEMO

제2부 | 본문편

제 3 과 **예약변경**

01 예약변경

P : 予約を 変更したいんですが。

A : 何日の 何便に 予約なさいましたか。

P : 20日の 成田行きですが。

A : どのように 変更なさいますか。

P : 20日を 24日に お願いします。

A : かしこまりました。

단어

変更 へんこう	何日 なんにち	何便 なんびん	なさいました	20日 はつか
成田 なりた	どのように	24日 にじゅうよっか	かしこまる	

어구

· なさいましたか : なさいました(なさる의 과거형)＋か. なさる(하시다)는 する(하다)
  의 존경어. '하셨습니까?'

02 시간변경

P : 予約を 変更したいんですが。

A : どのように 変更なさいますか。

P : 20日の 成田行きですが、2時の便を 6時の便に したいです。

A : 少々 お待ち ください。
　　渡辺様、変更した ものを 確認させて いただきます。
　　7月24日、大韓航空 701便、午後6時、成田行きで
　　よろしいでしょうか。

P : はい。

단어

便 びん	渡辺様 わたなべさま	～した	もの	よろしい	～でしょうか

어구

・～させて いただきます : させて(させる의 음편형)+いただきます(いただく의 ます
　형). 직역은 '～게 하는 것을 받다'라는 뜻으로 '하다'의 최고겸양표현. '하다'의 겸양
　강도는 する→いたす→させて いただく순으로 강해짐.

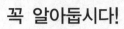
우리나라의 '무엇'에 해당하는 '何'

무엇	何	なん/なに
몇월	何月	なんがつ
몇일	何日	なんにち
무슨 요일	何曜日	なんようび
몇시	何時	なんじ
몇분	何分	なんぷん
몇살	何才	なんさい
몇명	何名	なんめい
몇사람	何人	なんにん
몇대	何台	なんだい
몇편	何便	なんびん
몇층	何階	なんがい

◉ 한국인 성의 カタカナ 표기입니다. 아래의 표를 이용하여 다음 질문을 カタカナ 로 써 봅시다.

강: カン	박: パク	신: シン	유: ユ / ユー	진: チン
고: コ	방: パン	심: シム / シム	윤: ユン	차: チャ
곽: クァク	배: ペ	안: アン	위: ウィ	채: チェ
권: クォン	백: ペク	양: ヤン	이: イ / イー	최: チェ
김: キム / キム	변: ピョン	엄: オム / オム	임: イム / イム	표: ピョ
남: ナム / ナム	봉: ポン	여: ヨ	장: チャン	하: ハ
노: ノ	서: ソ	연: ヨン	전: チョン	한: ハン
명: ミョン	성: ソン	예: イェ	정: チョン	허: ホ
문: ムン	손: ソン	오: オ	조: チョ	홍: ホン
민: ミン	송: ソン	우: ウ	지: チ	황: ファン

1. 자신의 성과 이름은?

2. 가장 친한 친구이름은?

3. 가장 좋아하는 영화배우는?

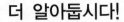

더 알아둡시다!

일본인의 성(姓)은 몇 개일까요?

일본의 근대가 시작된 메이지유신(1868년) 이전까지 성을 가질 수 있었던 것은 무사와 귀족계층뿐이었다. 그러다 1875년에 국민을 관리(교육, 징용 등)하기 위해 일반 백성들에게도 성을 짓게 했다. 그러자 백성들은 자신의 집 주위의 경관이나 특징을 따서 성을 지었는데 예를 들어 야마다(山田)는 주위에 산과 밭이, 고바야시(小林)는 작은 숲이 있는 사람들이 지은 이름이다. 어떤 사람들은 헤이안시대에 최고의 권력가 집안이었던 후지와라(藤原)의 '藤'(음독하면, とう나 どう)을 따, 사토(佐藤)·이토(伊藤)·가토(加藤)·안도(安藤)와 같은 성을 만들었다. 흔히 2자의 한자로 구성되며 성의 수는 15만개 이상이다. 그 중에서 가장 흔한 10개의 성은 다음과 같다.

1. 佐藤(さとう)	6. 伊藤(いとう)
2. 鈴木(すずき)	7. 山本(やまもと)
3. 高橋(たかはし)	8. 中村(なかむら)
4. 田中(たなか)	9. 小林(こばやし)
5. 渡辺(わたなべ)	10. 加藤(かとう)

MEMO

제4과 대기예약

01 대기예약 접수

P : 12月29日の 名古屋行き 2席 ありますか。

A : あいにく 年末の 連休で 29日の 金曜日は 席が
ございません。

P : それじゃ、ウェイティングに して ください。

A : はい。それでは まず ウェイティングで お受け いたします。
できるかどうか はっきり 分かりませんが、
二、三日 お待ちください。

단어

名古屋 なごや	2席 ふたせき	ありますか	あいにく	年末 ねんまつ	連休 れんきゅう
金曜日 きんようび	席 せき	それじゃ	それでは	まず	ウェイティング
できるかどうか		はっきり	分かりません わ	二、三日 にさんにち	

어구

· お受け いたします : お+受け(受ける의 연용형)+いたします(いたす의 ます형). 受ける(받다)의 겸양표현. '받게 사옵니다' 정도의 뜻.

02 대기예약 연락

A : こんにちは。こちらは 大韓航空 予約センターで ございます。
田中様で いらっしゃいますか。

P : はい、田中です。どうも。

A : 大変 お待たせ いたしました。キャンセル待ちから
オーケーに なりました。

P : あ、よかった。ありがとうございます。

단어

| こんにちは | こちら | センター | どうも | 大変 | キャンセル待ち |
| から | オーケー | なりました | よかった | | |

어구

· ～で いらっしゃいますか : '～です'의 존경표현으로 뜻은 '이십니까?'. 겸손한(겸양)
　표현은 '～で ございますか'.
· お待たせ いたしました : お+待たせ(待たせる의 연용형)+いたしました(いたす의
　과거형). 기다리게하다(待たせる)의 겸양표현. '많이 기다리셨습니다'로 해석하면 됨.

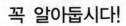

꼭 알아둡시다!

요일(曜日, ようび)

月曜日 : げつようび 火曜日 : かようび 水曜日 : すいようび

木曜日 : もくようび 金曜日 : きんようび 土曜日 : どようび

日曜日 : にちようび

국제정기편이 취항하는 도시(일부)

青森(あおもり)	鹿児島(かごしま)	名古屋(なごや)
秋田(あきた)	小松(こまつ)	新潟(にいがた)
大分(おおいた)	札幌(さっぽろ)	東京(とうきょう)
大阪(おおさか)	静岡(しずおか)	函館(はこだて)
岡山(おかやま)	長崎(ながさき)	福岡(ふくおか)

연습해 봅시다!

◉ 일본 간사이국제공항으로 가는 각 항공사의 요일을 일본어로 읽어보시오.

항공사	편명	출발시간	목적지	운항요일						
				월	화	수	목	금	토	일
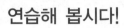 JEJU AIR	7C1302	09:30	KIX	✈	✈	✈	✈	✈	✈	✈
	KE723	09:45	KIX	✈	✈	✈	✈	✈	✈	✈
JAL JAPAN AIRLINES	JL5210	09:45	KIX	✈	✈	✈		✈	✈	✈
	MS9738	10:00	KIX		✈			✈		✈
ANA	NH6952	10:00	KIX	✈		✈	✈		✈	

국제선 취항도시의 명소 명물

秋田(あきた)	長崎(ながさき)	新潟(にいがた)
秋田美人(あきたびじん) (일본3대미인 중 한곳)	原爆(げんばく)(원폭) じゃんぽん(짬뽕)	お酒(さけ)(술) スキー場(じょう)(스키장)
岡山(おかやま)	札幌(さっぽろ)	東京(とうきょう)
倉敷(くらしき)(에도시대의 건축물이 남아있는 도시)	雪(ゆき)まつり(눈축제) ラーメン(라면)	浅草(あさくさ)(아사쿠사거리) 明治神宮(めいじじんぐう)(메이지신궁)
大阪(おおさか)	静岡(しずおか)	函館(はこだて)
たこやき(문어풀방)	お茶(ちゃ)(차)	夜景(やけい)(야경)
青森(あおもり)	鹿児島(かごしま)	名古屋(なごや)
りんご(사과)	桜島(さくらじま)(활화섬)	名古屋城(なごやじょう)(나고야성)

제5과　예약취소

01　예약취소 I

P ：　あの、すみませんが、予約を キャンセルしたいんですが。

A ：　お名前を お願いします。

P ：　鈴木 順(すずき じゅん)です。

A ：　すずき じゅん様ですね。
　　　他の日に ご予約を おとり いたしましょうか。

P ：　いいえ、けっこうです。

단어

他(ほか)の日(ひ)	いいえ	けっこう

어구

· おとり いたしましょうか : お＋とり(とる의 연용형)＋いたしましょう(いたす의 의
지형)＋か(종조사). 잡다(とる)의 겸양표현. '잡을까요?'

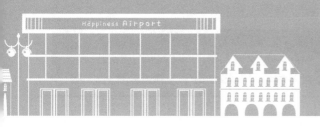

02 예약취소 Ⅱ

P : あの、予約を キャンセルしたいんですが。

A : お名前を お願いします。

P : 鈴木 順(すずき じゅん)です。

A : お帰りの 便も 全て キャンセル なさいますか。

P : はい、そうして ください。

단어

お帰^{かえ}り　　　　　　　　　全^{すべ}て

어구

· そうして ください : そう(그렇게)＋して(する의 음편형)＋ください.
　'그렇게 해 주세요'

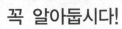

꼭 알아둡시다!

공항과 항공사에서 쓰는 カタカナ

キャンセル(캔슬)	ノンストップ(논스톱)
ボーディング(보딩)	ウェイティング(웨이팅)
ゲート(게이트)	エアポート(에어포트)
チケット(티켓)	ショッピングセンター(쇼핑센터)
サービス(서비스)	スチュワーデス(스튜어디스)
フライト(플라이트)	ドル(달러)
ビザ(비자)	カウンター(카운터)
マイレージ(마일리지)	イコノミ クラス(이코노미클래스)
チェックイン(체크인)	ビジネス(비지니스)
リムジン・バス(리무진버스)	プレステージ(프레스테지)
ロビー(로비)	ファースト(퍼스트)

● 그림에 해당하는 단어를 カタカナ로 채우시오.

 1 ス□ワーデス

 2 □□イト

 3 リムジン・□□

 4 チェックイン
カ□□□ー

 5 エア□ー□

스튜어디스는? 지상직은?

일본의 항공사에서도 객실승무원을 여러 호칭으로 부르고 있다. 예전에 선박에서 주방일을 돕던 '스튜어디스'(スチュワーデス), 남성의 '스튜어드'(スチュワード)라는 호칭을 쓰기도 하고 요즘에는 '캐빈 어턴던트'(Cabin Attendant, キャビンアテンダント)나 그것의 약칭인 'CA'로도 부른다.

영어권에서는 '플라이트 어턴던트'(Flight Attendant, フライトアテンダント)혹은 '캐빈 크루'(Cabin Crew, キャビンクルー)라고 부른다.

또한 공항카운터에서 탑승수속을 수행하는 지상직은 '그라운드 스텝'(グラウンドスタッフ)이라고 한다. 그라운드 호스테스(グラウンドホステス)의 약칭인 'GH'를 사용하기도 한다.

MEMO

제6과 발권

---

01 예약되어있는 경우

A : 航空券は お持ちですか。

P : いいえ、持って いません。

A : では、ご予約は いただいて おりますか。

P : はい、して います。

A : それでは、ご予約番号を お願いします。

P : 6123の9875です。

단어 ✍

航空券(こうくうけん)	持(も)っ	では	いただく

어구 ✈

· お持(も)ちですか : お+持(も)ち(持つ의 연용형)+ですか. 갖다(持つ)의 존경표현.
  '갖고 계십니까?'
· 持(も)って いません : 持(も)って(持つ의 음편형)+いません(います의 부정형).
  '갖고 있지 않습니다'
· いただいて おりますか : いただいて(いただく의 음편형)+おりますか.
  いただく는 もらう(받다)의 겸양어. 직역은 '(저희가)받고 있는지요?'. 자연스럽게
  '~을 하셨는지요'로 해석하면 됨.

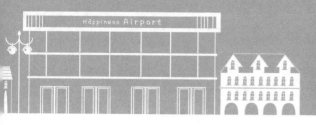

02 예약되어있지 않은 경우

A : お客様、いつ、どちらまで いらっしゃいますか。

P : 3月25日、午後6時10分 成田までです。

A : 何名様で いらっしゃいますか。

P : 二人です。

A : お座席は、どう なさいますか。

P : ビジネスに して ください。

단어 ✍

なんめいさま 何名様	ふたり 二人

어구 ✍

· いらっしゃいますか : いらっしゃいます(いらっしゃる의 ます형)＋か.
  いらっしゃる는 '가시다, 계시다, 오시다'. 여기에서는 '가십니까?'

· して ください : して(する의 음편형)＋ください. '해주십시오'

03 발권내용확인

A : お客様、確認させて いただきます。

きむら様と たかはし様の お二人で、明日3月25日、

大韓航空 722便、ソウル発 成田 午後6時10分着に、

ビジネスクラスで ご予約 いただいて おります。

よろしいでしょうか。

P : はい。

A : お客様、スカイパス カードは お持ちですか。

P : はい。持って います。

단어

かくにん 確認	あした あす 明日	はつ 〜発	ちゃく 〜着	ビジネスクラス	スカイパス カード

어구

- ~させて いただきます : させて(させる의 음편형)+いただきます(いただく의 ます형). 직역은 '하시게 하는 것을 받다'. 자연스럽게 '하겠습니다'로 해석하면 됨.
- いただいて おります : いただいて(いただく의 음편형)+おります. いただく는 もらう(받다)의 겸양어. 직역은 '(저희가)받고 있습니다'. 자연스럽게 '~하셨습니다'로 해석하면 됨.

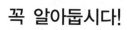
사람수 세기

	~人(にん)사람	~名(めい)명	~様(さま)분
1	ひとり	いちめい	おひとり/おひとりさま
2	ふたり	にめい	おふたり/おふたりさま
3	さんにん	さんめい	さんめいさま
4	よにん	よんめい	よんめいさま
5	ごにん	ごめい	ごめいさま
6	ろくにん	ろくめい	ろくめいさま
7	しちにん/ななにん	しちめい/ななめい	しちめいさま/ななめいさま
8	はちにん	はちめい	はちめいさま
9	きゅうにん	きゅうめい	きゅうめいさま
10	じゅうにん	じゅうめい	じゅうめいさま

◉ 그림 안에 몇 명의 사람이 있는지 세어봅시다.

일본의 국제공항(こくさいくうこう)을 찾아봅시다!

도쿄에 가고싶다면!

01 도쿄국제공항(東京国際空港, 일명 하네다공항)

1941년에 개항한, 일본 최초의 국제공항이다. 도쿄중심지에서 남서쪽으로 16㎞ 지점에 있는 공항으로 하네다(羽田)공항이라고도 불리운다. 나리타공항 개항후 대부분 국내선 취항으로 바뀌었으나 2003년 이후 김포, 상해, 북경, 홍콩 간 직항로를 개설하였다.

02 나리타국제공항(成田国際空港, 일명 나리타공항)

도쿄국제공항(하네다공항)의 과밀화 해결책으로 1966년 착공하여 1977년 제1기 공사를 끝내고 1978년 5월 개항하였다. 현재 일본 제일의 국제공항으로 인천공항이 생기기 전까지는 아시아와 북미를 잇는 동양 최대의 허브공항이었다.

나고야방면에 가고싶다면!

03 츄부국제공항(中部国際空港, 일명 츄부공항)

2005년에 나고야공항을 대신하는 공항으로서 개항했다. '센토레아'로 불리우기도 한다. 나리타공항이 일본의 관동지방, 간사이공항이 관서지방의 관문역할을 하고 있다면 츄부공항은 일본의 중부지방의 관문이라 할 수 있다.

오사카 교토방면에 가고싶다면!

04 간사이국제공항(関西国際空港, 일명 간사이공항 혹은 간쿠)

오사카 도심에서 40㎞ 떨어진 곳에 있는 공항이다. 오사카국제공항의 과밀화와 소음문제를 해결하기 위해 1987년에 착공하였다. 바다를 매립하여 인공섬을 만든 다음 공항을 건설하여 1994년 9월 4일에 공식 개항하였다. 24시간 이착륙이 가능한 해상공항으로서 연간 2500만명이 이용하는, 나리타국제공항을 잇는 두 번째로 큰 주요공항이다.

MEMO

제7과 요금안내

01 요금

P : ソウルから 札幌まで、エコノミークラスは いくらですか。

A : 片道 2万3千円、往復 4万6千円で ございます。

P : 子供の 場合は どう なりますか。

A : お子様は おいくつですか。

P : 11才です。

A : 満2才以上 12才 未満の 場合は、

大人料金の 25パーセント引きに なります。

단어

ソウル	から	札幌 さっぽろ	まで	エコノミークラス	いくら
片道 かたみち	往復 おうふく	子供 こども	場合 ばあい	どう	お子様 こさま	おいくつ
11才 じゅういっさい	満 まん	2才 にさい	以上 いじょう	12才 じゅうにさい	未満 みまん	大人 おとな
料金 りょうきん	25パーセント引き び				

02 학생할인

P ： 学生なんですが、学生割引して もらえますか。

A ： はい、学生証を お持ちでしょうか。

P ： はい、これ。

A ： ありがとうございます。

P ： どのくらい ディスカウントして もらえますか。

A ： 通常料金の 25パーセント引きに なります。

단어

| 学生 | 割引 | もらえる | 学生証 | これ | どのくらい |

ディスカウント　通常料金

어구

・～して もらえますか：して＋もらえます(もらえる의 ます형)＋か. 직역 '해 받을 수
있습니까?'. 자연스럽게 '됩니까?'로 해석하면 됨.

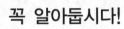
나이 세기

一才	いっさい	十二才	じゅうにさい
二才	にさい	十五才	じゅうごさい
三才	さんさい	二十才	はたち
四才	よんさい	三十才	さんじゅっさい
五才	ごさい	四十才	よんじゅっさい
六才	ろくさい	五十才	ごじゅっさい
七才	ななさい	六十才	ろくじゅっさい
八才	はっさい	七十才	ななじゅっさい
九才	きゅうさい	八十才	はちじゅっさい
十才	じゅっさい	九十才	きゅうじゅっさい
十一才	じゅういっさい	百才	ひゃくさい

신분용어

남녀노소	학생	회사	항공사
子供 어린이	幼稚園生 유치원생	平社員 평사원	グラウンド スタッフ 그라운드 스탭
大人 어른	小学生 초등학생	課長 과장	スチュワーデス/CA 스튜어디스
お年より 노인	中学生 중학생	部長 부장	スチュワード 스튜어드
男の人 남자	高校生 고등학생	社長 사장	パイロット 파일럿
女の人 여자	大学生 대학생	会長 회장	航空会社職員 항공사직원

1 다음 질문을 한국어로 해석해 보시오.

1. あなたはおいくつですか。

2. 韓国の小学生は何才から何才までですか。

2 다음의 직업과 관련있는 단어를 일본어로 3개씩 써보시오.

1. スチュワーデス(CA)

2. 大学生

3. グラウンド スタッフ

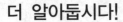
더 알아둡시다!

일본의 항공사(こうくうがいしゃ)를 알아봅시다!

일본항공(日本航空) = JAL(Japan Airlines)

통칭 '日航(にっこう)' 'JAL(ジャル)'. 1951년 8월에 설립. 1954년에 최초로 국제선 개설. 세계1등 항공사라는 이미지를 구축하면서 한 때 기업매출이 전세계 3위를 차지하기도 했다. 2002년 10월부터 JAS(日本エアシステム)와 통합하며 규모를 확대시켜 나갔으나 장기간의 경영부진과 채무초과로 2010년 1월에 회사갱생법을 신청하여 일본의 자존심으로 불리던 JAL은 법정관리에 들어가게 되었다.

전일본공수(全日本空輸) = ANA(All NIppon Airways)

통칭 '全日空(ぜんにっくう)' '아나(ANA)'. 1952년 12월에 전쟁으로 폐허가 된 일본의 정기항공사업을 부흥시키려는 목적으로 설립. 1985년말에 국제선정기편을 개설하기에 이른다. 1999년 10월에 국제경쟁력을 키우기 위해 항공연합인 스타얼라이언스에 가맹했다. 일본 국내선에서는 최대의 노선망을 보유하고 있고 국내승객수 또한 일본 최대이다.

스카이 마크에어라인(スカイ マークエアラインズ)

저가항공사이다. 저가(格安 : かくやす)항공권판매사로 유명한 대형여행대리점인 HIS가 일본국내선 수요의 편익을 위해 1996년에 출자하여 설립된 신흥항공사이다. 더불어, 한국의 저가항공사로는 영남에어, 진에어, 에어부산, 코스타, 이스타 항공 등이 있다.

MEMO

제8과 지불방법

01 현금지불

P : ソウルから 福岡までの 料金は いくらですか。

A : エコノミークラスは 往復 280ドルで、ビジネス クラスは 往復 350ドルです。

P : じゃ、エコノミークラスで 片道のチケットを お願いします。

A : お客様、お支払いは 何で なさいますか。

P : 現金で お願いします。

A : 140ドルで ございます。

단어

福岡 (ふくおか)	ドル	で	チケット	お支払い (しはら)	何で (なに)	現金 (げんきん)

02 카드지불

A ： お客様、お支払いは 何で なさいますか。

P ： クレジットカードで お願いします。

A ： はい、お客様、こちらに サインを お願いします。

P ： ここで よろしいでしょうか。

A ： はい。

お客様、こちらが チケットとカード、

それから 領収証で ございます。

단어

クレジットカード	サイン	それから	りょうしゅうしょう 領収証

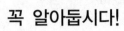

기본수

	1	10	100	1000	10000
1	いち	じゅう	ひゃく	せん	いちまん
2	に	にじゅう	にひゃく	にせん	にまん
3	さん	さんじゅう	さんびゃく	さんぜん	さんまん
4	し / よん	よんじゅう	よんひゃく	よんせん	よんまん
5	ご	ごじゅう	ごひゃく	ごせん	ごまん
6	ろく	ろくじゅう	ろっぴゃく	ろくせん	ろくまん
7	しち / なな	ななじゅう	ななひゃく	ななせん	ななまん
8	はち	はちじゅう	はっぴゃく	はっせん	はちまん
9	く / きゅう	きゅうじゅう	きゅうひゃく	きゅうせん	きゅうまん

화폐단위

한국 원	圓 ウォン(Won) ₩
일본 엔	円 エン (Yen) ¥
중국 위안	元 ウィアン(Yuan) ¥ / ¥
미국 달러	ドル(Dollar) $
유럽연합 유로	ユーロ(Euro) €

◉ 인천 나리타구간의 항공운임을 일본어로 말해봅시다.

운임종류	항공운임	체류기간	항공편조건
일반석 7일	470,000원	7일	ICN-NRT
일반석 14일	515,400원	14일	ICN-NRT
일반석 1년	585,000원	1년	ICN-NRT
비지니스	955,700원	1년	ICN-NRT
프리미엄 비지니스	1,051,300원	1년	ICN-NRT
일등석	1,189,000원	1년	ICN-NRT
프리미엄 일등석	1,307,900원	1년	ICN-NRT

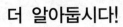

일본의 통화단위 円은 「¥」로 표시한다. 이것은 「YEN」의 첫글자이다. 원음은 [えん(en)]인데 표기를 [yen]으로 하는 이유는 어디에 있을까? 그 이유는 서양인이 [en]을 [인]으로 발음하는 경향이 있어 [엔]에 가까운 [yen]을 쓰게 되었기 때문이다. 「江戸(えど)」를 「YEDO」로 표기하는 것도 같은 이유에서이다.

중국의 위안[yuan] 또한 「¥」이나 일본의 「¥」와의 혼동을 피하기 위해 「¥」로 표기하기도 한다.

일본의 화폐		
주화	1 円	어린 나무
	5 円	벼이삭(동전 가운데 구멍)
	10円	평등원이라는 문화재 건물
	50円	국화(동전 가운데 구멍)
	100円	벚꽃
	500円	동백꽃
지폐	1,000円	野口英世(のぐち ひでよ) 일본의 세균학자(1876~1928)
	2,000円	오키나와의 수리성 수례문 2000년을 기념하기위해 발행
	5,000円	樋口一葉(ひぐち いちよう) 메이지시대의 여성소설가
	10,000円	福沢諭吉(ふくざわ ゆきち) 메이지시대의 선각자

MEMO

제9과 **항공권 변경**

01 변경가능한 경우

P : ソウル－濟州島の チケットを 持って いるんですが、

　　行き先を 釜山に 変える ことは できませんか。

A : 航空券を お見せ いただけないでしょうか。

P : はい、これです。

A : お客様、23,000ウォンの差額が でますが、よろしいですか。

P : はい、けっこうです。変えて ください。

단어 ✈

チェジュド 濟州島	ゆ さき 行き先	プサン 釜山	か 変える	こと
できません	こうくうけん 航空券	み 見せる	いただけない	さがく 差額

어구 ✈

· 持って いるんですが : 持って(持つ의 음편형)＋いる＋ん(강조)＋ですが. '갖고 있습
　니다만'
· お見せ いただけないでしょうか : お＋見せ(見せる의 연용형)＋いただけない＋で
　しょうか. '보여주실 수 없으십니까?'. '보여주십시오(見せて ください)'의 완곡한 부
　탁표현.

02 변경불가능한 경우

P : すみませんが、カナダからの帰る日を 変えたいんですが。

A : 航空券を お見せ いただけないでしょうか。

こちら、こちらの チケットは ディスカウント

チケットですので 日にちの 変更は できません。

단어

| カナダ | 帰る | 日 | 日にち | 変更 |

어구

· 変えたいんですが：変えたい(変える의 희망표현)＋ん(강조)＋ですが. '바꾸고 싶습니다만'

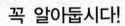

国名과 수도를 알아둡시다.

 アジア

大韓民国(ソウル)　　　　　　　日本(東京)

中国(北京)　　　　　　　　　　インド(ニューデリー)

インドネシア(ジャカルタ)　　　タイ(バンコク)

ベトナム(ハノイ)　　　　　　　マレーシア(クアラルンプール)

モンゴル(ウランバートル)　　　ヨルダン(アンマン)

 ヨーロッパ

イギリス(ロンドン)　　　　　　イタリア(ローマ)

オーストリア(ウィーン)　　　　スペイン(マドリード)

デンマーク(コペンハーゲン)　　ドイツ(ベルリン)

ロシア(モスクワ)

 アフリカ

エジプト(カイロ)　　　　　　　ケニア(ナイロビ)

 **アメリカ**

アメリカ (ワシントン)　　　　　　カナダ (オタワ)

メキシコ(メキシコ)　　　　　　　チリ(サンチアゴ)

 オセアニア

オーストラリア(キャンベラ)

ニュージーランド(ウェリントン)

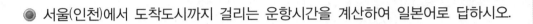

연습해 봅시다!

◉ 서울(인천)에서 도착도시까지 걸리는 운항시간을 계산하여 일본어로 답하시오.

운항편명	출발도시	도착도시	출발시각	도착시각
EK323	서울(INC)	두바이 (DXB)	13:10	23:30

예) 10시간 20분 : じゅう<u>じかん</u> にじゅっぷん

운항편명	출발도시	도착도시	출발시각	도착시각
SU600	서울(INC)	모스크바 (SVO)	15:15	20:15
TG659	서울(INC)	방콕 (BKK)	09:10	13:20
US6632	서울(INC)	샌프란시스코 (SFO)	11:10	02:30
QF368	서울(INC)	시드니 (SYD)	12:40	03:40
KL865	서울(INC)	암스테르담 (AMS)	01:20	07:20

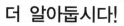

스카이 팀(スカイチーム)가입항공사의 일부입니다. 읽어봅시다.

한국	대한항공	大韓航空
중국	중국남방항공	中国南方航空
러시아	러시아항공	アエロフロート・ロシア航空
미국	델타항공	デルタ航空
멕시코	아에로멕시코	アエロメヒコ航空
프랑스	에어프랑스	エールフランス航空
이탈리아	알리타리아	アリタリア航空
체코	CSA 체코항공	CSA チェコ航空

(가입탈퇴에 따라 유동적인 내용임)

제10과 환불

01 환불업무

A : お客様、このチケットは 現金で お買い求めに なりましたか。

P : いいえ、カードで 買いました。

A : では、こちらに お名前と、ご住所、それから ご連絡先を
　　ご記入 ください。 払い戻しの 金額は 約1ヶ月後、カードの
　　口座に 振り込まれます。
　　パスポートも お願いします。
　　コピー いたしますので、
　　少々 お待ち ください。

단어

か もと 買い求める	か 買いました	じゅうしょ ご住所	れんらくさき ご連絡先	きにゅう ご記入
はら もど 払い戻し	きんがく 金額	やく 約	いっかげつご 1ヶ月後	こうざ 口座
ふ こ 振り込まれます	パスポート	コピー	いたします	ので

어구

· お買い求めに なりましたか ： お＋買い求め(買い求める의 연용형)＋に＋なりました(なる의 과거형)＋か. 買い求めましたか의 최고 존경표현. 해석은 '구매하셨습니까?'

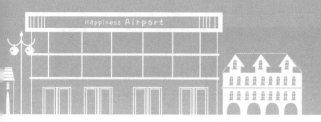

02 환불응대

P : すみませんが、チケットを 払い戻して もらえますか。

A : チケットを お見せ いただけないでしょうか。

払い戻しは できますが、キャンセルの 手数料が 必要です。

ただ今、受付を しますと、2・3日後に お客様の

口座に 振り込まれます。こちらに お越しに なる

場合は 現金で お渡しする ことも できます。

단어

払い戻す	手数料	必要	ただ今	受付	しますと
2・3日後	お越し	渡す			

어구

- 払い戻して もらえますか : 払い戻して(払い戻す의 음편형)＋もらえますか. 직역은 '환불해 받을 수 있습니까?'. 자연스럽게 '환불됩니까?'로 해석하면 됨.
- お越しになる : お＋越し(越す의 연용형)＋に＋なる. '오시다'라는 뜻. いらっしゃる 와 같은 의미.
- お渡しする : お＋渡し(渡す의 연용형)＋する. 건네다(渡す)의 겸양표현.

접두어 「お」와 「ご」

단어 앞에 붙어 존경어(상대방의 것을 높여줌)와 미화어(美化語 : 말을 정중하고 품위 있게 써서 화자의 품격을 올려주는 말)로 만든다. 「お」와 「ご」를 붙이는 데 확실한 법칙은 없다. 존경어에는 「お」와 「ご」가 함께 쓰이고, 미화어에는 거의 「お」가 쓰인다. 미화어는 주로 여성이 쓴다.

존경어

뜻	보통어	존경어	뜻	보통어	존경어
이름	名前(なまえ)	お名前	편지	手紙(てがみ)	お手紙
손님	客(きゃく)	お客	주소	住所(じゅうしょ)	ご住所
지불	支払(しはら)い	お支払い	가족	家族(かぞく)	ご家族
귀가	帰(かえ)り	お帰り	안내	案内(あんない)	ご案内

미화어

뜻	보통어	미화어	뜻	보통어	미화어
물	水(みず)	お水	차	茶(ちゃ)	お茶
돈	金(かね)	お金	술	酒(さけ)	お酒
꽃	花(はな)	お花	생선	漁(さかな)	お魚
과자	菓子(かし)	お菓子	고기	肉(にく)	お肉
화장실	手洗い(てあらい)	お手洗い	날씨	天気(てんき)	お天気

● □ 안에 「お」와 「ご」 중에서 「お」가 아닌 것을 하나 고르시오.

 1 □かし

 2 □かね

 3 □てがみ

 4 □さかな

 5 □かぞく

 6 □手洗い

더 알아둡시다!

● 스타얼라이언스(スター アライアンス) 가입항공사의 일부입니다. 항공사명과 코드를 일본어로 읽어봅시다.

한국	アシアナ<ruby>航空<rt>こうくう</rt></ruby>	Asiana Airlines	OZ
일본	ANA<ruby>全日空<rt>ぜんにっくう</rt></ruby>	All Nippon Airways	NH
중국	<ruby>上海航空<rt>しゃんはいこうくう</rt></ruby>	Shanghai Airlines	FM
	<ruby>中国国際航空<rt>ちゅうごくこくさいこうくう</rt></ruby>	Air China	CA
캐나다	エアカナダ	Air Canada	AC
이집트	エジプト<ruby>航空<rt>こうくう</rt></ruby>	EGYPTAIR	MS
오스트리아	オーストリア<ruby>航空<rt>こうくう</rt></ruby>	Austrian Airlines	OS
미국	コンチネンタル<ruby>航空<rt>こうくう</rt></ruby>	Continental Airlines	CO
싱가폴	シンガポール<ruby>航空<rt>こうくう</rt></ruby>	Singapore Airlines	SQ
태국	タイ<ruby>国際航空<rt>こくさいこうくう</rt></ruby>	Thai Airways International	TG
터어키	トルコ<ruby>航空<rt>こうくう</rt></ruby>	Turkishn Airlines	TK
뉴질랜드	ニュージーランド<ruby>航空<rt>こうくう</rt></ruby>	Air New Zealand	NZ
스페인	スパンエアー	Spanair	JK

(가입탈퇴에 따라 유동적인 내용임)

MEMO

제11과 탑승수속(1)

---

01   여권과 항공권 확인 및 좌석배정

A ： いらっしゃいませ。こちらへ どうぞ。

      パスポートと チケットを お願いします。

P ： はい、これです。

A ： 11時40分、名古屋行きですね。

P ： はい、そうです。

A ： お客様、ご座席は 窓側と 通路側と どちらが

      よろしいですか。

P ： 前のほうの 窓側に お願いします。

단어

いらっしゃいませ	へ	どうぞ	ご座席	窓側	～と
通路側	どちら	よろしい	前	ほう	

02 짐확인

A : お荷物は ございますか。

P : このかばん、二つです。

A : お客様、二つとも お預かり いたしましょうか。

P : いいえ、この小さい かばんは 機内へ 持ち込みます。

A : お預かりの かばんに 割れ物や 貴重品は ございませんか。

P : いいえ、ありません。

단어

ござる	お荷物	かばん	二つ	~とも	預かる
小さい	機内	持ち込みます	割れ物	~や	貴重品

어구

· ございますか : ござる는 있다(ある)의 존경어. '있으십니까?'라는 뜻.

　cf) ~で ござる는 '~이다(です)'의 겸양어

· お預かり いたしましょうか : お+預かり(預かる의 연용형)+いたしましょうか. 맡다(預かる)의 겸양표현. '(저희 쪽에서 이 짐을) 맡을까요?'라는 뜻. 한국어에는 없는 표현. 자연스럽게 '맡기실 겁니까?'로 해석하면 됨.

꼭 알아둡시다!

기본인사

안녕하세요.	おはようございます。　こんにちは。　こんばんは。
감사합니다.	ありがとうございます。どうもありがとうございます。
축하합니다.	おめでとうございます。
미안합니다.	すみません。
안녕히 가세요.	さようなら。
안녕하세요 / 안녕히 가세요.	ごきげんよう。
잘 부탁드립니다.	どうぞ よろしく(おねがいします)。

접객인사

어서 오세요.	いらっしゃいませ。
이쪽으로 오십시오.	どうぞ こちらへ。
무슨 용건이십니까?	何のご用ですか。
잘 알겠습니다.	かしこまりました。
많이 기다리셨습니다.	お待たせ致しました。
이용해주셔서 감사합니다.	ご利用 ありがとうございました。

주의를 끌 때

실례합니다.	失礼_{しつれい}します。
죄송합니다만.	おそれいりますが。
죄송합니다.	申_{もう}し訳_{わけ}ございません。
저, 죄송합니다만.	あの、すみません。

의향을 물어볼 때

~는 어떠신지요?	~は いかがですか。
~는 괜찮으십니까?	~は よろしいですか。
~는 어떻게 하시겠습니까?	~は どう なさいますか。

● 체크인 카운터에서 손님을 맞이할 때입니다. 여러 상황을 자유롭게 상정한 후 고
객에게 할 수 있는 인사말을 써 봅시다.

더 알아둡시다!

일반석 기내식의 메뉴를 일본어로 익혀 봅시다.

빵	パン	물	お水^{みず}	커피	コーヒー	잼	ジャム	버터	バッター
샐러드	サラダ	고기	お肉^{にく}	생선	お魚^{さかな}	녹차	お茶^{ちゃ}	콜라	コーラ
쥬스	ジュース	포크	フォーク	스푼	スプーン	나이프	ナイフ		

제2부 | 본문편

제 12 과 **탑승수속(2)**

---

01 수하물 확인

A : お客様、そのかばんは どう なさいますか。

P : これは 機内に 持ち込みます。

A : お客様、機内にはキムチ、しおから、それから 化粧品などの
　　液体類は お持ち込み できません。

P : はい、わかりました。

단어

| キムチ | しおから | それから | 化粧品
(けしょうひん) | など | 液体類
(えきたいるい) | わかりました |

02 초과요금

A : お客様、お荷物を のせて ください。28キロです。

　　 5キロ オーバーです。超過料金を お願いします。

P : いくらですか。

A : 1キロ当たり 5,300ウォンですので、26,500ウォンに なります。

　　 お支払いは、あちらの 発券カウンターで お願いします。

　　 お支払に なってから もう一度 こちらへ お越し

　　 ください。

단어

のせて	キロ	オーバー	超過料金 （ちょうかりょうきん）	いくら	当たり （あ）
あちら	発券 （はっけん）	カウンター	なってから	もう一度 （いちど）	

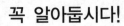
단위

キロ(kilo)

センチ(centi)

センチメートル(centimetre)

ミリー(milli)

グラム(gram)　　　キログラム(kilogram)

カロリー(calorie)　　キロカロリー(kilocalorie)

オンス(ounce)

ヤード(yard)

ポンド(pound)

マイル(mile)

국제선 항공기내 반입금지물

액체류 液體類 えきたいるい	술(お酒) さけ	향수(香水) こうすい
	스킨(化粧水) けしょうすい	로션(乳液) 등 にゅうえき
	100㎖를 초과하는 경우.	
젤류 ジェル類 るい	샴푸(シャンプー)	린스(リンス)
	헤어젤(ヘアージェル)	치약(歯磨き) はみが
	크림(クリーム)	된장(みそ) 등
스프레이류 スプレイ類 るい	헤어스프레이(ヘアスプレイ)	살충제(殺虫剤) 등 さっちゅうざい
식품류 食品類 しょくひんるい	김치(キムチ)	젓갈(しおから) 등
위험물 危険物 きけんぶつ	칼(ナイフ)	포크(フォーク)
	우산(傘) 등 끝이 뾰쪽한 것. かさ	

● 기내로 들고 들어갈 수 없는 물건입니다. 빈칸을 채우시오.

1 お□□

2 □□すい

3 □□

4 ス□□イ

5 キ□□

6 □□

세계적으로 유명해진 국내 항공사의 기내식 중 한식메뉴입니다.

マッコリ

막걸리

ビビッパ

비빔밥

ビビム クッス

비빔국수

サムッパ

쌈밥

ウゴジ タン

우거지탕

● 한국의 대표적인 음식이다. 무슨 음식일까요?

サムゲタン	ソルロンタン	ゴムタン	カルビタン	ユッケジャン
タッカルビ	タットリタン	チゲ	プデチゲ	キムチチゲ
チャプチェ	チヂミ	トッポッキ		

MEMO

제2부 | 본문편

제13과 **탑승수속(3)**

01 네임태그확인

A : お客様、お荷物に ネームタッグが ございません。

こちらに ご記入 ください。

P : 日本語でも いいですか。

A : ローマ字で お願いします。日本の 連絡先も お願いします。

P : これで いいですか。

A : はい、ありがとうございます。かばんに おつけ ください。

단어

ネームタッグ	ご記入	日本語	〜でも	いい
連絡先	つける			

어구

· おつけ ください : お＋つけ(つける의 연용형)＋ください. つけて くださいの 존경
표현. '달아 주십시오'

02 탑승권 전달

A : お客様、こちらが ご搭乗券で ございます。

　　お座席は 17のC、ご搭乗口は 23番ゲート、

　　ご搭乗時間は 9時30分からで ございます。

P : どこから 入れば いいですか。

A : 左に まっすぐ 行きますと、この 建物の 中央に

　　出発のゲートが ございます。

　　時間が あまり ありませんので お急ぎ ください。

단어

ご搭乗券	ご搭乗口	ご搭乗時間	どこから	入れば
左	まっすぐ	行くと	建物	中央
出発	ゲート	急ぐ		

어구

· お急ぎ ください：お＋急ぎ(急ぐ의 연용형)＋ください. 서둘러 주십시오(急いで く
ださい)의 존경표현.

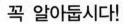

꼭 알아둡시다!

인천공항의 여객터미널 그림입니다. 단어를 일본어로 말해봅시다.

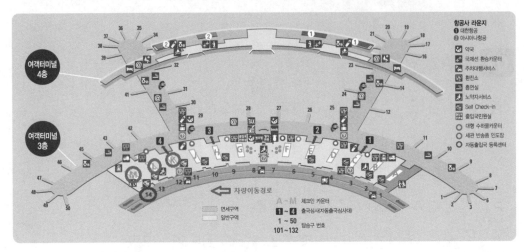

(그림출처 : 인천국제공항)

- 체크인카운터(チェックインカウンター) : A~M

- 출국심사(出国審査_{しゅっこくしんさ}) : ①~④

- 탑승구(搭乗口_{とうじょうぐち}) : 1~50, 101~132

- 안내(インフォメーション) : ⑦

● 탑승권입니다. 영문은 カタカナ로, 한자는 ひらがな로 고쳐봅시다.

ECONOMY CLASS						

030

Economy Class
Boarding Pass 030

NAME **BAE/KYOUNGRYEMS**

FROM **ICN**

TO **SPN**

FLIGHT DATE DEPARTURE TIME SEAT No.
KE 817 25JUL 2030 47B

탑승순위
ZONE 1

NAME BAE/KYOUNGRYEMS

FROM SEOUL

TO SAIPAN

FLIGHT DATE DEPARTURE TIME
KE 817 25JUL 2030

항공권이 동봉되지 않으면 무효입니다. (Not valid without flight coupon attached.)

20 時**00** 分까 **24** 番 搭乗口 앞에서 待機 하여 주시기 바랍니다.
Please be present at the boarding gate No.**24**   By **2000**

자동개찰기에 1매씩 넣어주시기 바랍니다.

└─ INSERT

搭乗口 GATE	搭乗時間 BOARDING TIME	座席 SEAT	
24	2000	47B	✗✗
SKYPASS	TIMES		MILES

Y

KOREAN AIR   **KOREAN AIR**

1. NAME ⇨ _____

2. FLIGHT ⇨ _____

3. DATE ⇨ _____

4. ECONOMY CLASS ⇨ _____

5. TIME ⇨ _____

6. MILE ⇨ _____

7. 搭乗口 ⇨ _____

8. 搭乗時間 ⇨ _____

9. 座席 ⇨ _____

10. 搭乗券 ⇨ _____

더 알아둡시다!

원월드(ワン ワールド)에 가입한 항공사를 알아둡시다.

미국	アメリカン航空	America Airlines
영국	ブリティッシュ・エアウェイズ	British Airways
홍콩	キャセイパシフィック航空	Cathay Pacific
오스트레일리아	カンタス航空	Qantas
핀란드	フィンランド航空	Finnair
스페인	イベリア航空	Iberia
칠레	ラン航空	LAN Airlines
일본	日本航空	Japan Airlines
요르단	ロイヤル・ヨルダン航空	Royal Jordanian
멕시코	メキシカーナ航空	Mexicana

(가입탈퇴에 따라 유동적인 내용임)

MEMO

제2부 | 본문편

제14과 **시설 및 스카이패스 카드 안내**

---

01 휠체어 이용

P : あの、足が ちょっと 不自由なんですが、
フィルチェアを 使えますか。

A : はい、もちろんです。

P : どうも。それと、セルフチェックイン カウンターは
どこですか。

A : ごいっしょの方は いらっしゃいますか。

P : いいえ、一人なんです。

A : では、職員が お手伝いするように
手配いたしますので、
少々 お待ちください。

단어

あの	足^{あし}	ちょっと	不自由^{ふじゆう}	フィルチェア	使えますか^{つか}

あの　　　　足　　　　ちょっと　　不自由　　　フィルチェア　　使えますか
もちろん　　どうも　　それと　　　セルフ チェックイン カウンター
職員^{しょくいん}　　手伝う^{てつだ}　　ように　　　手配^{てはい}

어구

· お手伝い^{てつだ} する : お＋手伝い^{てつだ}(手伝う^{てつだ}의 연용형)＋する. 거들다(手伝う^{てつだ})의 겸양표현.

02 스카이패스 카드 가입안내

A ： スカイパス・カードを お持ちですか。

P ： スカイパス・カードって 何ですか。

A ： 大韓航空の マイレージ カードで ございます。
色々な 特典が ございます。

P ： どんな いい点が あるんですか。

A ： マイレージが たくさん たまりますと、ボーナスチケットや
ご座席のアップグレード、ホテルの無料宿泊券などの
特典が ございます。

P ： 今 すぐ できますか。すぐ できるなら お願いします。

A ： はい。あちらの Fカウンターで お申し込み ください。

단어

スカイパス・カード	って	マイレージ	カード	色々な
特典	どんな	点	たまります	ボーナスチケット
アップグレード	ホテル	無料	宿泊券	など
今	すぐ	なら	申し込む	

어구

· お申し込み ください : お＋申し込み(申し込むの 연용형)＋ください. 申し込んで
ください의 존경표현. '신청해 주십시오'.

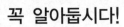
꼭 알아둡시다!

신체 각 부위를 익힙시다.

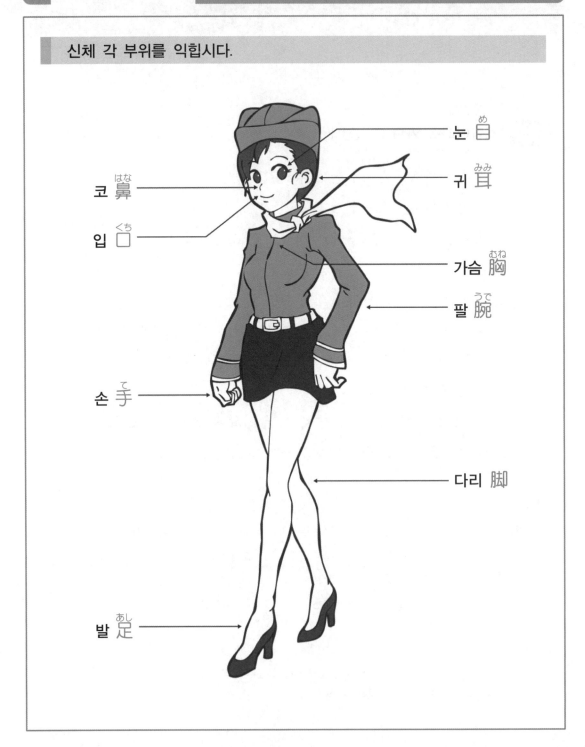

눈 目（め）
귀 耳（みみ）
코 鼻（はな）
입 口（くち）
가슴 胸（むね）
팔 腕（うで）
손 手（て）
다리 脚
발 足（あし）

◉ 다음의 신체와 관계있는 악세서리나 의류를 써 봅시다.

1. 눈 目

2. 귀 耳

3. 팔 腕

4. 손 手

5. 다리 脚

6. 발 足

더 알아둡시다!

공항의 편의시설을 알아봅시다.

	책방	本屋 (ほんや)
	약국	薬屋 (くすりや)
	꽃집	花屋 (はなや)
	환전	両替 (りょうがえ)
	화장실	お手洗い (てあらい)
	택배	宅配 (たくはい)
	면세점	免税店 (めんぜいてん)
	분실물보관소	忘れ物保管所 (わすもの ほかんじょ)
	병원	病院 (びょういん)
	인터넷	インターネット
	레스토랑	レストラン

MEMO

제15과 탑승안내 방송

01 탑승안내 방송

A : 皆様、おはようございます。

ただ今より、コリアン エアー6707便、羽田行きの

ご搭乗を開始させて いただきます。

02 승객호출

A : コリアン エアーより お客様の お呼び出しを 申し上げます。

高橋様、高橋様。コリアン エアー 6707便で 羽田へ ご出発の

高橋様、おそれいりますが、コリアン エアーのチェックイン

カウンターまで お越し ください。

단어

皆様（みなさま）	より	コリアン エアー	開始（かいし）	お呼び出し（よびだし）
申し上げる（もうしあげる）	おそれいる			

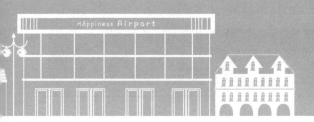

03 탑승수속마감안내

A : コリアン エアーより 羽田へ ご出発の お客様に ご案内 申し上
げます。8時40分発、コリアン エアー6707便は まもなく 搭乗
手続きを 締め切らせて いただきます。まだ、ご搭乗手続きを
お済ませに なって いない お客様は お急ぎ チェックイン
カウンターまで お越し ください。

단어

| ご案内
<small>あんない</small> | まもなく | 手続き
<small>てつづ</small> | 締め切らせる
<small>し き</small> | まだ | 済ませる
<small>す</small> | お急ぎ
<small>いそ</small> |

어구

· 締め切らせて いただきます : 締め切らせ(締め切らせる의 음편형)+いただきます
  직역은 '마감시키게 하심을 받다'. 마감하다의 겸양표현. 자연스럽게 '끝내겠습니다'
  로 해석하면 됨.
· お済ませに なっていない : お+済ませ(済ませる의 연용형)+に+なって+いない.
  '아직 끝내지 않으신'이라는 뜻.

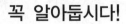
일본어의 악센트

1. 맨 앞음을 높게 발음하는 경우(頭高形)

春（はる）	봄	秋（あき）	가을
雨（あめ）	비	雲（くも）	구름
朝（あさ）	아침	席（せき）	자리
うそ	거짓말	みかん	귤
ラジオ	라디오	テレビ	텔레비전
カメラ	카메라	タクシー	택시

2. 악센트의 위치에 따라 뜻이 달라지는 경우

비	あめ	あめ	사탕
얼마	いくら	いくら	연어
한잔	いっぱい	いっぱい	가득
2병	にほん	にほん	일본
젓가락	はし	はし	다리

* 악센트가 틀리면 '하늘이 흐린 걸 보니 사탕이 내릴 것 같네요'
  '이 연어 얼마예요?'를 '이 연어 연어예요?'와 같은 이상한 문장이 된다.

● 직접 탑승안내방송을 해봅시다. 다음의 문장을 일본어로 말해 보세요.

여러분 안녕하십니까?

지금부터 코리안 에어 742편, 나리타행의 탑승을

개시하겠습니다.

일본항공에서 고객님의 호출을 말씀드리겠습니다.

기무라님, 기무라님, 일본항공5204편 하네다로 출발하시는

기무라님, 죄송하지만 일본항공의 체크인 카운터까지

와 주시기 바랍니다.

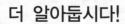

더 알아둡시다!

인사의 악센트를 높낮이에 맞춰 읽어봅시다. 점선으로 된 원부분은 발음하는듯 마는듯하면 됩니다.

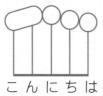

こんにちは

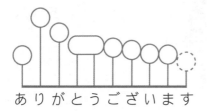

ありがとうございます

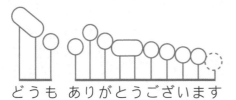

どうも ありがとうございます

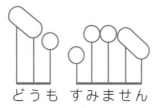

どうも すみません

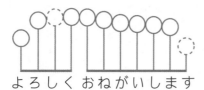

よろしく おねがいします

숫자 악센트

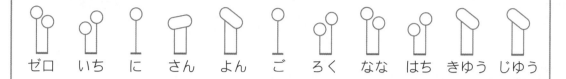

(출처: 松崎寛・河野俊之「1日10分の音声教育」『月刊日本語』アルク)

제2부 | 본문편

제16과 탑승 게이트

---

01 탑승안내

A : ファースト、ビジネスクラス、お子様づれの方 ご案内します。

A : 一般席 47番列 以後の 方から 先に ご案内します。

次は 47番列 以前の 方、ご案内します。

A : 乳母車(ベビーカー)は 羽田到着ゲートで

おうけとりに なりますか。それとも ターン テーブルで

おうけとりに なりますか。

단·어

お子様づれ(こさま)	一般席(いっぱんせき)	番列(ばんれつ)	以後(いご)	先に(さきに)	次(つぎ)
以前(いぜん)	乳母車(うばぐるま)	ベビーカー	到着(とうちゃく)	うけとる	それとも
ターン テーブル					

어구

· おうけとりに なりますか : お＋うけとり(うけとる의 연용형)＋に＋なりますか. 받다(うけとる)의 존경표현. '받으시겠습니까?'

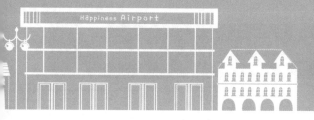

02 게이트 짐검색

A : 小林様ですか。座席番号が 47Dで ございますか。

P : そうですけど。

A : お客様、カウンターで お預けに なった お荷物に ライターが
はいって いますか。
ライターは お預かり できない 品物です。廃棄するしか
方法が ございません。

P : とう すれば いいですか。

A : カウンターまで ごいっしょに なるか、代りに こちらが
確認させて いただく 方法が ございます。

P : 自分で 確認します。

A : でしたら、こちらの 職員が お供させて いただきます。

단어

ライター	はいって います	できない	品物 (しなもの)	廃棄 (はいき)	しか
方法 (ほうほう)	代りに (かわ)	自分で (じぶん)	でしたら	職員 (しょくいん)	お供 (とも)

어구

· お預けに なった：お＋預け(預ける의 연용형)＋に＋なった. 預ける(맡기다)의 존경
표현. '맡기신'이란 뜻.

· お供させて いただきます：お供＋させて いただきます. 수행하다(お供する)의 겸양
표현.

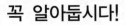

비행기에 부칠 수 없는, 위탁수하물탁송 제한 품목입니다.

 위험물

라이타	ライター	식물	植物
동물	動物	사람	人間
생선	魚	과일	果物
폭죽	爆竹	부탄가스	ブタンガス
일본도	日本刀		

 깨지기 쉬운물건

도자기	陶磁器 (도자기, 화분 등)
병	瓶 (유리병, 도자기병 등)
액자	額縁 (표구된 것, 유리액자 등)

 고가품

보석류	宝石類 (다이아몬드, 귀금속 등)
골동품	骨董品 (고가의 골동품)

◉ 비행기에 짐으로 부칠 수 없는 그림의 단어를 줄로 연결하시오.(중복연결가능)

  액자 •

• ライター

  다이아몬드 •

• どうぶつ

  개 •

• こっとうひん

  일본도 •

• とうじき

  파인애플 •

• にほんとう

  라이타 •

• がくぶち

  식물, 화분 •

• ダイヤモンド

  도자기, 골동품 •

• しょくぶつ

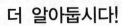

이제까지 배운 출국절차를 주의점과 필요한 것을 병기하여 정리한 것입니다.
해석해 봅시다.

> 空港への到着
> (出発2時間前)

⬇

> 搭乗手続き
> (荷物預け・座席指定)

⬇

> 出国保安審査
> (危険物の検査)

⬇

> 出国審査
> (パスポート・搭乗券)

⬇

> 搭乗待機
> 免税店・搭乗案内の
> アナウンスがあるまで待つ

⬇

> 搭乗
> (搭乗券)

⬇

> 出國

MEMO

 제2부 | 본문편

제17과 지연 및 결항 안내

01 출발시간 지연

A : 10時30分発の 福岡行きは 悪天候のため、出発が

遅れて おります。

どうぞ、ご了承 くださいませ。

新しい 出発の 時間が 決まりしだい、ご案内 いたします。

P : ああ、困ったな。

단어

~発 はつ	福岡 ふくおか	悪天候 あくてんこう	~のため	遅れる おく	ご了承 りょうしょう
くださいませ	新しい あたら	決まる き	しだい	困った こま	

어구

· 遅れて おります : 遅れて います(지연되고 있습니다)의 겸양표현.
· 決まり しだい : 決まり(決まる의 연용형)+しだい. '정해지는대로'라는 뜻.
  しだい는 동사의 연용형에 붙어 '~는 대로'라는 어구를 만듦.
· ご案内 いたします : ご+案内+いたします. 안내하다(案内する)의 존경표현.

02 결항안내

A : 9時40分発の 関西国際空港行きは 台風のため 欠航になる
　　可能性も あります。

P : じゃ、どう すれば いいんですか。

A : いったん、出発審査場に お入り ください。
　　そのあと、続けて 案内放送を よく 聞いて ください。

P : 分かりました。

단 어

関西国際空港	台風	欠航	可能性	いったん	出発審査場
入る	あと	続ける	案内放送	よく	聞く

어 구

・お入り ください : お＋入り(入る의 연용형)＋ください. '들어가 주십시오'. 入って
　ください의 존경표현.
・聞いて ください : 聞いて(聞く의 음편형)＋ください. '들어주십시오'

꼭 알아둡시다!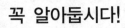

날씨용어를 알아봅시다!

晴れ(맑음)	曇り(흐림)	雨(비)	大雨(홍수)	強い風(강풍)
台風(태풍)	雪(눈)	大雪(대설)	霧(안개)	稲妻(번개)

날씨표현

맑은 후 흐림	はれ <u>のち</u> くもり
흐린 후 비	くもり <u>のち</u> あめ
비온 뒤 눈	あめ <u>のち</u> ゆき
맑다 가끔(때때로) 흐림	はれ <u>ときどき</u> くもり
흐리다 가끔(때때로) 갬	くもり <u>ときどき</u> はれ

세계 여러 도시의 날씨를 일본어로 말해봅시다.

1 ソウル

2 トウキョウ

3 ペキン

4 ニューデリー

5 アンカラー

6 モスクワ

7 ベルリン

8 ロンドン

9 アテネ

10 ドバイ

11 カイロ

12 ヨハネスバーグ

13 クアラルンプール

14 シドニー

15 バンクーバー

16 トロント

17 ロサンゼルス

18 ニューヨーク

19 リオデジャネイロ

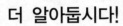

● 출발지연이나 결항원인을 더 알아봅시다.

1. 악천후로　　　　　悪天候のため

2. 짙은 안개로　　　　濃い霧のため

3. 강풍으로　　　　　強い風のため

4. 태풍으로　　　　　台風のため

5. 호우로　　　　　　大雨のため

6. 대설로　　　　　　大雪のため

7. 진눈깨비로　　　　みぞれのため

8. 눈보라로　　　　　吹雪のため

9. 시야불량으로　　　視界不良のため

10. 활주로 제설작업으로　滑走路の除雪作業のため

제 3 부
설명편

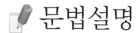 문법설명

 전체해석

 단어

 연습문제 풀이

조사

조사	예문
が(～이, ～가)	空港が あります。 (공항이 있습니다.)
は(～은, ～는)	フライトは 701便です。 (플라이트는 701편입니다.)
を(～을, ～를)	予約を します。 (예약을 하겠습니다.)
に(～에 ～에게)	(～에/장소) ここに チケットが あります。 (여기에 티켓이 있습니다.)
	(～에/시간) 来月の 4月に 出発します。 (내년 4월에 출발합니다.)
	(～에/대상) スチュワデースに ききました。 (스튜어디스에게 물었습니다.)
で(～로 ～에서)	(～로/수단)お名前は ローマ字で お願いします。 (성함은 로마자로 부탁드립니다.)
	(～로, 때문에/원인) 台風で 出発できません。 (태풍으로 인해 출발이 불가능합니다.)
	(～에서/장소) チェックインカウンターで 会いましょう。 (체크인 카운터에서 만납시다.)
も(～도)	この 飛行機も はねだ行きですか。 (이 비행기도 하네다행입니까?)
の(～의)	予約の 変更を したいです。 (예약의 변경을 하고싶습니다.)
～から～まで (～부터 ～까지)	このチケットは 4月から 12月までです。 (이 티켓은 4월부터 12월까지입니다.)

と(~와 ~과)	パスポート<u>と</u>チケットを お願いします。 (패스포트와 티켓을 부탁드립니다.)
へ(~로)	こちら<u>へ</u> どうぞ。(이쪽으로 오세요.)
~や~など (~랑~등)	ガス<u>や</u> バナナ<u>など</u>は 機内へ 持ち込めません。 (가스랑 바나나 등은 기내로 반입할 수 없습니다.)
か(~인지, 까?)	月曜日<u>か</u>火曜日<u>か</u> よく わかりません。 (월요일인지 화요일인지 잘 모르겠습니다.)
	これも いいです<u>か</u>。(이것도 좋습니까?)
が(~만)	予約を したいんです<u>が</u>、(예약을 하고싶습니다만,)
けど(~만)	<u>金</u>です<u>けど</u>、(김입니다만,)
ので(~이므로)	出発できません<u>ので</u> 少々 お待ち ください。 (출발할 수 없으니 잠시 기다려 주십시오.)

동사(종류)

1. 5단동사 : 맨 끝이 う, く, ぐ, す, つ, ぬ, む, ぶ, (a,u,o)る로
   끝나는 동사

   かう(사다)

   きく(듣다)

   いそぐ(서두르다)

   わたす(건네다)

   まつ(기다리다)

   しぬ(죽다)

   もちこむ(반입하다)

   よぶ(부르다)

   あずかる(맡다)

   ふる(비, 눈이 내리다)

   うけとる(받다)

2. 1단동사 : 맨 끝이 (i, e)る로 끝나는 동사

   できる(가능하다)

   もうしあげる(말씀드리다)

예외) はいる(들어가다) いる(필요하다) しる(알다) はしる(달리다) きる(자르다)

   かえる(돌아가다) 등은 5단동사활용

3. 불규칙동사 : くる(오다) する(하다)

동사(ます형 たい형)

종류

어간 + ます　　（∼ㅂ니다）

ません　（∼지 않습니다）

ました　（∼ㅆ습니다）

たい　　（∼고 싶다）

たいです（∼고 싶습니다）

활용(ます의 경우)

1) 5단동사 : 동사 끝음을 [i]단으로 고친 뒤 ます를 붙인다.

2) 1단동사 : る를 떼고 ます를 붙인다.

　단, いる/ はいる/ しる/ はしる/ きる/ かえる는 5단활용

3) 불규칙동사 : くる(오다) → きます(옵니다)

　　　　　　　　する(하다) → します(합니다)

연습

원형	∼ます	∼ません	∼たい
かう			
きく			
いそぐ			
わたす			
まつ			
しぬ			
もちこむ			

よぶ			
あずかる			
ふる			
うけとる			
できる			
もうしあげる			
はいる			
かえる(바꾸다)			
くる			
する			

동사(ない형)

종류

어간 + ない (~지 않다)

활용

1) 5단동사 : 동사 끝음을 [a]단으로 고친 뒤 ない를 붙인다.

　　　　　　단, う의 경우는 わ로 고친 뒤 ない를 붙인다.

2) 1단동사 : る를 떼고 ない를 붙인다.

　　단, いる/ はいる/ しる/ はしる/ きる/ かえる는 5단활용(る→らない)

3) 불규칙동사 : くる(오다) → こない(오지 않다)

　　　　　　　　する(하다) → しない(하지 않다)

연습

원형	~ない	원형	~ない
かう		ふる	
きく		うけとる	
いそぐ		できる	
わたす		もうしあげる	
まつ		はいる	
しぬ		かえる(바꾸다)	
もちこむ		くる	
よぶ		する	
あずかる			

동사(て형)

종류

어간 ＋ て　　　　　　　(~고, ~서)

て いる　　　　　　(~하고 있다) / て おる(~て いる의 겸양어)

てから　　　　　　(~하고 나서)

て ください　　　(~해 주십시오)

て くれませんか (~해 주지 않겠습니까?)

활용

うつる → って

ぬ む ぶ → んで

く → いて　ぐ → いで (단, いく(가다) → いって)

す → して

くる(오다) → きて

する(하다) → して

1단동사는 る 떼고 て 붙임

연습

원형	~て	~て いる	~てから	~て ください
かう				
きく				
いそぐ				
わたす				
まつ				

しぬ				
もうしこむ				
よぶ				
あずける				
すませる				
うけとる				
みせる				
もうしあげる				
はいる				
かえる(바꾸다)				
くる				
する				

동사(た형)

종류

어간 + た (~ㅆ다)

활용

うつる → った

ぬむぶ → んだ

く → いた　ぐ → いだ (단, いく(가다) → いった(갔다))

す → した

くる(오다) → きた (왔다)

する(하다) → した (했다)

1단동사는 る 떼고 た 붙임

연습

원형	~た	원형	~た
かう		すませる	
きく		うけとる	
いそぐ		みせる	
わたす		もうしあげる	
まつ		はいる	
しぬ		かえる(바꾸다)	
もうしこむ		くる	
よぶ		する	
あずける			

동사(가정형)

종류

동사어간 + ば (~면)

동사원형 + と (~면)

명사　　+ なら　　예) 私が あなたなら 今 すぐ 行きます。

활용(동사어간 + ば)

1) 5단동사 : 동사 끝음을 [e]단으로 고친 뒤 ば를 붙인다.

2) 1단동사 : る를 れば로 바꾼다.

　　단, いる/ はいる/ しる/ はしる/ きる/ かえる는 5단활용. (る → れば)

3) 불규칙동사 : くる(오다) → くれば(오면/온다면)

　　　　　　　する(하다) → すれば(하면/한다면)

연습

원형	~ば, ~れば	원형	~ば, ~れば
かう		すませる	
きく		うけとる	
いそぐ		みせる	
わたす		もうしあげる	
まつ		はいる	
しぬ		かえる(돌아가다)	
もうしこむ		くる	
よぶ		する	
あずける			

동사(가능형)

가능동사는 동사를 활용하여 '~수 있다'라는 가능형으로 바뀜.

활용

1) 5단동사 : 동사 끝음을 [e]단으로 고친 뒤 る를 붙인다.
2) 1단동사 : る를 られる로 바꾼다.

    단, いる/ はいる/ しる/ はしる/ きる/ かえる는 5단활용. (る → れる)

3) 불규칙동사 : くる(오다) → これる(올 수 있다)

                 する(하다) → できる(할 수 있다)

연습

원형	~る, ~られる	원형	~る, ~られる
つかう		すませる	
もらう		うけとる	
いそぐ		のせる	
わたす		もうしあげる	
まつ		はいる	
しぬ		かえる(돌아가다)	
もうしこむ		くる	
よぶ		する	
あずける			

동사(존경표현)

종류

◆ 존경동사를 쓰는 경우

보통어	존경어
いう(말하다)	おっしゃる(말씀하시다)
いる(있다)、くる(오다)、いく(가다)	いらっしゃる(계시다, 오시다, 가시다)
しる(알다)	ご存じです(아시다)
〜です(〜입니다)	〜で いらっしゃる(〜이시다)
する(하다)	なさる(하시다)

◆ お+어간(ます형의 어간)+に なる의 형식으로 쓰는 경우

보통어(원형)	お+어간+に なる
あずける(맡기다)	おあずけに なる(맡기시다)
うけとる(건네받다)	おうけとりに なる(건네 받으시다)
もつ(들다)	おもちに なる(드시다)
かく(쓰다)	おかきに なる(쓰시다)

동사(겸양표현)

종류

◆ 겸양동사를 쓰는 경우

보통어	겸양어
いう(말하다)	もうしあげる(말씀드리다)
いる(있다)	おる(있다)
わかる(알다)	かしこまる(알다)
～です(～입니다)	～で ございます(～이옵니다)
する(하다)	いたす/させて いただく(하다)

◆ お＋어간(ます형의 어간)＋する(いたす)의 형식으로 쓰는 경우

보통어(원형)	お＋어간＋に する(いたす)
あずかる(맡다)	おあずかり する(맡다)
きく(묻다)	おきき する(여쭙다)
まつ(기다리다)	おまち いたす(기다리다)

* する를 いたす로 하면 더욱 겸손한 말투가 된다.

제1과 | 예약접수

1. 날짜와 행선지 확인

P : 저, 예약을 하고 싶습니다만..

A : 언제 어디까지 가십니까?

P : 9월 10일, 하네다까지입니다만..

A : 9월 10일, 하네다까지이시군요.

2. 이름 확인

A : 고객님, 성함을 패스포트의 로마자로 부탁드립니다.

P : TANAKA MAKOTO입니다.

A : 다나카 마코토님이시군요.

　　같이 가시는 분도 부탁드립니다.

P : 노무라 쇼우지, NOMURA SHOUJI입니다.

A : 노무라 쇼우지님이시군요. 감사합니다.

제2과 | 예약 재확인

1. 손님으로부터의 재확인

P : 예약의 재확인입니다만.

A : 예, 예약번호를 아십니까?

P : 854—9736입니다.

A : 기타무라 히로시님이시군요.

P : 예, 그렇습니다.

A : 기타무라 히로시님,

9월 10일 오후 6시 40분 오사카행 대한항공 722편,

틀림없이 예약되어 있습니다.

2. 예약의 재확인

P : 미안합니다. 예약 재확인입니다만.

A : 언제 어디까지 가십니까?

P : 5월 7일 오후 5시 30분 오사카까지입니다.

A : 잠시 기다려주십시오.

고객님, 5월 7일 오후 5시 30분에 출발하는 대한항공 701편,

오사카행에 비즈니스클래스로 틀림없이 예약되어져 있습니다.

제3과 | 예약변경

1. 날짜변경

P : 예약을 변경하고 싶습니다만.

A : 몇일 몇편에 예약하셨습니까?

P : 20일 나리타행입니다만..

A : 어떻게 변경하시겠습니까?

P : 20일을 24일로 부탁드립니다.

A : 잘 알겠습니다.

2. 시간변경

P : 예약을 변경하고 싶습니다만.

A : 어떻게 변경하시겠습니까.

P : 20일 나리타행인데, 2시편을 6시편으로 하고 싶습니다.

A : 잠시 기다려 주십시오.

    와타나베님, 변경한 것을 확인하겠습니다.

    7월 24일 대한항공 701편 오후6시 나리타행으로 괜찮으시겠습니까?

P : 예.

제4과 | 대기예약

1. 대기예약 접수

P : 12월 29일 나고야행 두자리가 있습니까?

A : 공교롭게도 연말연휴로 29일 금요일은 자리가 없습니다.

P : 그럼 웨이팅으로 해 주시지 않겠습니까?

A : 예, 그럼 우선 웨이팅으로 접수하겠습니다.

　　가능할지 어떨지는 확실히 모르겠습니다만, 2, 3일 기다려 주십시오.

2. 대기예약 연락

A : 안녕하세요. 여기는 대한항공 예약센터입니다.

　　다나카님이십니까?

P : 예, 다나카입니다. 감사합니다.

A : 많이 기다리셨습니다. 대기에서 오케로 되셨습니다.

P : 휴, 다행이다. 감사합니다.

제5과 | 예약취소

1. 예약취소 I

P : 저 미안합니다만, 예약을 캔슬하고 싶습니다만.

A : 성함을 부탁드립니다.

P : 스즈키 준입니다.

A : 스즈키 준님이시군요.

　　다른 날로 예약을 잡을까요?

P : 아니요, 괜찮습니다.

2. 예약취소 II

P : 저, 예약을 캔슬하고 싶습니다만.

A : 성함을 부탁드립니다.

P : 스즈키 준입니다.

A : 돌아오시는 편도 모두 캔슬하시겠습니까?

P : 예, 그렇게 해 주세요.

제6과 | 발권

1. 예약되어있는 경우

A : 항공권을 가지고 계십니까?

P : 아니오. 가지고 있지 않습니다.

A : 그럼, 예약을 하셨나요(저희가 받았나요)?

P : 예. 했어요.

A : 그러시면 예약번호를 부탁드립니다.

P : 6123의 9875입니다.

2. 예약되어있지 않은 경우

A : 고객님, 언제 어디까지 가십니까?

P : 3월 25일 오후 6시 10분 나리타까지입니다.

A : 몇 분이서 가십니까?

P : 두 명입니다.

A : 좌석은 어떻게 하시겠습니까?

P : 비지니스로 해 주세요.

3. 발권내용확인

A : 고객님, 확인하겠습니다.

　　기무라님과 다카하시님 두 분이서 내일 3월 25일,

　　대한항공 722편, 서울발 나리타 오후 6시 10분 도착,

　　비지니스 클래스로 예약하셨습니다. 괜찮으시겠습니까?

P : 예.

A : 고객님, 스카이패스 카드를 가지고 계십니까?

P : 예. 가지고 있습니다.

제7과 | 요금안내

1. 요금

P : 서울에서 삿뽀로까지 이코노미 클래스는 얼마입니까?

A : 편도 2만3천엔, 왕복4만6천엔입니다.

P : 어린이의 경우는 어떻게 되죠?

A : 자제분은 몇 살입니까?

P : 11살이에요.

A : 만 2살 이상 12살 미만인 경우는 어른요금의
　　25%할인 되시겠습니다.

2. 학생할인

P : 학생입니다만, 학생할인됩니까(해 받을 수 있습니까)?

A : 예. 학생증 가지고 계세요?

P : 네. 여기요.

A : 감사합니다.

P : 얼마나 디스카운트됩니까(해 받을 수 있습니까)?

A : 통상요금의 25%할인입니다.

제8과 | 지불방법

1. 현금지불

P : 서울에서 후쿠오카까지 요금은 얼마입니까?

A : 이코노미 클래스는 왕복 280달러이고,

　　비즈니스 클래스는 왕복 350달러입니다.

P : 그럼, 이코노미 클래스로 편도 티켓을 부탁드립니다.

A : 고객님. 지불은 무엇으로 하시겠습니까.

P : 현금으로 (계산)부탁드립니다.

A : 140달러입니다.

2. 카드지불

A : 고객님, 지불은 무엇으로 하시겠습니까.

P : 크레디트 카드로 부탁드립니다.

A : 예. 고객님. 여기에 사인을 부탁드립니다.

P : 여기에다 (하면) 됩니까?

A : 예. 고객님, 여기 티켓과 카드, 그리고 영수증입니다.

제9과 | 항공권 변경

1. 변경가능한 경우

P : 서울−제주도 티켓을 가지고 있습니다만.

　　행선지를 부산으로 바꿀 수 있습니까?

A : 항공권을 보여주시겠습니까?

P : 네. 여기요.

A : 고객님. 23,000원의 차액이 생기는데 괜찮으시겠습니까?

P : 네. 괜찮습니다. 바꿔주세요.

2. 변경불가능한 경우

P : 미안합니다만, 캐나다로부터 돌아오는 날을 바꾸고 싶습니다만...

A : 항공권을 보여주시겠습니까?

　　고객님. 이 티켓은 디스카운트 티켓이므로 날짜변경은 불가능합니다.

제10과 | 환불

1. 환불업무

A : 고객님. 이 티켓은 현금으로 구입하셨습니까?

P : 아니오, 카드로 샀습니다.

A : 그럼, 여기에 성함과 주소 그리고 연락처를 기입해 주십시오.

　　환불금액은 약 한 달 후 카드구좌로 입금(이체)됩니다.

　　여권도 부탁드립니다.

　　복사해야하므로 잠시 기다려주십시오.

2. 환불응대

P : 미안합니다만, 티켓을 환불해주실 수 있습니까(환불해 받을 수 있습니까?)

A : 티켓을 보여주시겠습니까?

　　환불은 가능한데, 취소 수수료가 필요합니다.

　　지금 접수하면 2, 3일후에 고객님 구좌로 이체됩니다.

　　여기로 나오실 경우는 현금으로 드릴 수도 있습니다.

제11과 | 탑승수속(1)

1. 여권과 항공권 확인 및 좌석배정

A : 어서오세요. 이쪽으로 (모시겠습니다).

　　 패스포트(여권)와 티켓(항공권)을 부탁드립니다.

P : 예. 여기요.

A : 11시 40분, 나고야행이시군요.

P : 예. 그렇습니다.

A : 고객님, 좌석은 창측과 통로측(과) 어느 쪽이 괜찮으십니까?

P : 앞쪽의 창측으로 부탁드립니다.

2. 짐확인

A : 짐이 있으십니까?

P : 이 가방 2개입니다.

A : 고객님, 두 개다 맡기실 겁니까?(부칠까요)?

P : 아니오. 이 작은 가방은 기내로 들고 가겠습니다.

A : 맡기시는 가방(부치는 가방)에 깨지는 물건이나 귀중품은 없으십니까?

P : 아니오, 없습니다.

제12과 | 탑승수속(2)

1. 수하물 확인

A : 고객님 그 가방은 어떻게 하시겠습니까?

P : 이건 기내로 들고 들어가겠습니다.

A : 고객님. 기내에는 김치, 젓갈, 그리고 화장품같은 액체류는 들고 들어
가실 수 없습니다.

P : 예. 알겠습니다.

2. 초과요금

A : 고객님. 짐을 올려주세요. 28킬로입니다. 5킬로 오버(초과)입니다.
초과요금을 부탁드립니다.

P : 얼마입니까?

A : 1킬로당 5,300원이므로 26,500원 되겠습니다.
지불은 저쪽 발권카운터에서 부탁드립니다.
지불하시고 다시 한번 이쪽으로 와 주십시오.

제13과 | 탑승수속(3)

1. 네임태그확인

A : 고객님, 짐에 네임태그가 없습니다. 여기에 기입해 주십시오.

P : 일본어로 (써)도 괜찮습니까?

A : 로마자로 부탁드립니다. 일본 연락처도 부탁드립니다.

P : 이러면 되었지요?

A : 예. 감사합니다. 가방에 달아 주세요.

2. 탑승권 전달

A : 고객님. 이것이 탑승권입니다.

　　좌석은 17의 C, 탑승구는 23번게이트,

　　탑승시간은 9시 30분부터입니다.

P : 어디로 들어가면 되지요?

A : 왼쪽으로 똑바로 가면 이 건물 중앙에 출발 게이트가 있습니다.

　　시간이 별로 없으시니 서둘러 주시기 바랍니다.

제14과 | 시설 및 스카이패스카드 안내

1. 휠체어 이용

P : 저, 다리가 좀 불편한데 휠체어 좀 쓸 수 있을까요?

A : 예. 물론입니다.

P : 감사합니다. 그리고 셀프 체크인카운터는 어디입니까?

A : 같이 가시는 분은 계십니까?

P : 아니오, 혼자예요.

A : 그럼 직원이 도와드리도록 조치하겠으니 잠시만 기다려 주십시오.

2. 스카이패스 카드 가입안내

A : 스카이패스 카드를 가지고 계십니까?

P : 스카이패스 카드라는 게 뭐예요.

A : 대한항공의 마일리지 카드입니다. 여러 특전이 있습니다.

P : 어떤 좋은 점이 있습니까?

A : 마일리지가 많이 쌓이면 보너스 티켓이나 좌석의 업그레이드, 호텔의
   무료숙박권 등의 특전이 있습니다.

P : 지금 바로 가능합니까? 곧 된다면 부탁드립니다.

A : 예. 저쪽 F카운터에서 신청해 주십시오.

제15과 | 탑승안내 방송

1. 탑승안내 방송

A : 여러분 안녕하십니까?

지금부터 코리안 에어 6707편, 하네다행의 탑승을

개시하겠습니다.

2. 승객호출

A : 코리안 에어로부터 고객님의 호출을 말씀드리겠습니다.

다카하시님, 다카하시님, 코리안 에어 6707편 하네다로 출발하시는

다카하시님, 죄송하지만 코리안 에어의 체크인 카운터까지

와 주시기 바랍니다.

3. 탑승수속마감안내

A : 코리안 에어로 하네다로 출발하시는 고객님에게 안내 말씀드립니다.

8시 40분발, 코리안 에어 6707편은 잠시 후 탑승수속을 끝맺겠습니다.

아직 탑승수속을 끝내지 못하신 고객님께서는 서둘러 체크인 카운터까지

와 주시기 바랍니다.

제16과 | 탑승 게이트

1. 탑승안내

A : 퍼스트, 비지니스 클래스, 어린이 동반 승객, 안내해 드리겠습니다.

A : 일반석 47번열 이후의 분부터 먼저 안내하겠습니다.

다음은 47번열 앞의 분을 안내해 드리겠습니다.

A : 유모차(베이비 카)는 하네다 도착 게이트에서 받으시겠습니까? 아니면

턴 테이블에서 받으시겠습니까?

2. 게이트 짐검색

A : 고바야시님이십니까? 좌석번호가 47D이십니까?

P : 그렇습니다만..

A : 고객님. 카운터에서 맡기신 짐에 라이터가 들어 있으신지요. 라이터는

맡기실(부치실) 수 없는 물품입니다. 폐기하는 수 밖에 방법이 없습니다.

P : 어떻게 하면 좋습니까?.

A : 카운터까지 같이 가시든가 대리로 저희쪽에서 확인하는 방법이 있습니다.

P : 제가 직접 확인하겠습니다.

A : 그러시다면 저희 직원이 동행하겠습니다.

제17과 | 지연 및 결항 안내

1. 출발시간 지연

A : 10시 30분발 후쿠오카행은 악천후로 인해 출발이 지연되고 있습니다.

부디 양해 부탁드립니다.

새로 출발시간이 정해지는대로 안내해 드리겠습니다.

P : 거참 난감하네.

2. 결항안내

A : 9시 40분발 간사이 국제공항행은 태풍으로 인해

결항될 가능성이 있습니다.

P : 그럼 어떻게 하면 좋죠?

A : 일단 출발심사장으로 들어가 주십시오.

그 후 계속해서 안내방송을 잘 들어 주십시오.

P : 알겠어요.

제1과 | 예약접수

あの	저
予約 よやく	예약
を	~을/를
ん	강조어(동사나 형용사 뒤에 붙음)
です	입니다
が	~만(문말)
いつ	언제
どちら	어디
まで	까지
いらっしゃる	가시다, 오시다, 계시다
9月 くがつ	9월
10日 とおか	10일
羽田 はねだ	하네다
まで	까지
けど	~다만
ね	~군요
お客様 きゃくさま	고객님(손님)
お名前 なまえ	성함
パスポート	패스포트(여권)
の	~의
ロ-マ字 じ	로마자
で	~로(수단)
お願いします ねが	부탁합니다

様^{さま}	~님
ごいっしょ	함께하심
方^{かた}	분
も	~도
ありがとうございます	감사합니다

제2과 ┃ 예약 재확인

再確認^{さいかくにん}	재확인
なん	강조어(명사뒤에 붙음)
はい	예, 네
予約番号^{よやくばんごう}	예약번호
は	~은/는
ご存じ^{ぞん}	아심
大阪^{おおさか}	오사카
行き^ゆ	~행
大韓航空^{だいかんこうくう}	대한항공
722便^{ななにじびん}	722편
確かに^{たし}	틀림없이
すみません	죄송합니다
午後^{ごご}	오후
少々^{しょうしょう}	잠시
5時30分^{ごじ さんじゅっぷん}	5시 30분
出発^{しゅっぱつ}	출발
701便^{ななまるいちびん}	701편
に	~에
ビジネスクラス	비즈니스 클래스

제3과 | 예약변경

変更 (へんこう)	변경
何日 (なんにち)	몇일
何便 (なんびん)	몇편
なさいました(なさる)	하셨습니까
20日 (はつか)	20일
成田 (なりた)	나리타
どのように	어떻게
24日 (にじゅうよっか)	24일
かしこまる	알겠다(知る의 겸양어)
便 (びん)	~편
渡辺様 (わたなべさま)	와타나베님
~した	~했다(する의 과거형)
もの	것
よろしい	좋다
~でしょうか	~겠습니까?

제4과 | 대기예약

名古屋 (なごや)	나고야
2席 (ふたせき)	2자리
ありますか	있습니까?
あいにく	공교롭게도
年末 (ねんまつ)	연말
連休 (れんきゅう)	연휴
金曜日 (きんようび)	금요일

席（せき）	자리
それじゃ	그럼 (それでは의 줄임말)
それでは	그럼
まず	우선
ウェイティング	웨이팅
できるかどうか	될지 어떨지
はっきり	확실히
分（わ）かりません	모르겠습니다
二、三日（にさんにち）	2, 3일
こんにちは	안녕하세요(점심인사)
こちら	이쪽
センター	센터
どうも	뒤에 ありがとう / すみません이 생략된 인사말
大変（たいへん）	매우
キャンセル待（ま）ち	캔슬대기
から	~로부터
オーケー	오케이
なりました(なる)	되었습니다
よかった	다행이다

제5과 | 예약취소

他（ほか）の日（ひ）	다른 날
いいえ	아니오
けっこう	괜찮음
お帰（かえ）り	돌아오심
全（すべ）て	모두

제6과 | 발권

航空券	항공권
持つ	소유하다
では	그럼
いただく	받다
何名様	몇분
二人	두명
確認	확인
明日	내일
発	~발
着	~착
ビジネスクラス	비즈니스 클래스
スカイパス カード	스카이패스 카드

제7과 | 요금안내

ソウル	서울
から	에서, ~(로)부터
札幌	삿뽀로
まで	까지
エコノミークラス	이코노미 클래스
いくら	얼마
片道	편도
往復	왕복
子供	어린이
場合	경우

どう	어떻게
お子様	자제분
おいくつ	몇 살
11才	11살
満	만
2才	2살
以上	이상
12才	12살
未満	미만
大人	성인
料金	요금
25パーセント引き	25%할인
学生	학생
割引	할인
もらえる	받을 수 있다
学生証	학생증
これ	이것
どのくらい	어느정도
ディスカウント	디스카운트
通常料金	통상요금

제8과 | 지불방법

福岡	후쿠오카
ドル	달러
で	~로(수단)
チケット	티켓
お支払い	지불

何_{なに}で	무엇으로
現金_{げんきん}	현금
クレジットカード	크레디트카드
サイン	사인
それから	그리고
領収証_{りょうしゅうしょう}	영수증

제9과 | 항공권 변경

濟州島_{チェジュド}	제주도
行_ゆき先_{さき}	행선지
釜山_{プサン}	부산
変_かえる	바꾸다
こと	것
できません	불가능합니다
航空券_{こうくうけん}	항공권
見_みせる	보이다
いただけない	받을 수 없다
差額_{さがく}	차액
カナダ	캐나다
帰_{かえ}る	돌아가다/돌아가는
日_ひ	날
日_ひにち	날짜
変更_{へんこう}	변경

買い求める	매입하다
買いました	사다(買う)의 과거형
ご住所	주소
ご連絡先	연락처
ご記入	기입
払い戻し	환불
金額	금액
約	약
1ヶ月後	1개월후
口座	구좌
振り込まれます(振り込まれる)	이체됩니다
パスポート	패스포트
コピー	코피
いたします(いたす)	하겠습니다.
ので	~이므로
払い戻す	환불하다
手数料	수수료
必要	필요
ただ今	지금
受付	접수
しますと	하신다면
2・3日後	2, 3일후
お越し	오심
渡す	건네다

いらっしゃいませ	어서 오세요
へ	~(으)로
どうぞ	부디/아무쪼록
ご座席	좌석
窓側	창측
と	~와/과
通路側	통로측
どちら	어느쪽
よろしい	괜찮다
前	앞
ほう	쪽
ござる	있다(ある)의 겸양어
お荷物	짐
かばん	가방
二つ	두개
とも	모두
預かる	맡다
小さい	작다/작은
機内	기내
持ち込みます(持ち込む)	들고 들어가겠습니다
割れ物	깨지는 물건
や	~랑
貴重品	귀중품

제12과 ┃ 탑승수속(2)

キムチ	김치
しおから	젓갈
それから	그리고
化粧品	화장품
など	~등
液体類	액체류
わかりました(わかる)	알겠습니다
のせて(のせる)	올려
キロ	키로
オーバー	오버(초과)
超過料金	초과요금
いくら	얼마
当たり	~당
あちら	저쪽
発券	발권
カウンター	카운터
なってから	~하고나서
もう一度	다시 한번

제13과 ┃ 탑승수속(3)

ネームタッグ	네임태그
ご記入	기입
日本語	일본어
~でも	~로도

いい	좋다/좋은
連絡先	연락처
つける	달다
ご搭乗券	탑승권
ご搭乗口	탑승구
ご搭乗時間	탑승시간
どこから	어디에서(로부터)
入れば(はいる)	들어가면
左	왼쪽
まっすぐ	똑바로
行くと	가면
建物	건물
中央	중앙
出発	출발
ゲート	게이트
急ぐ	서두르다

제14과 | 시설 및 스카이패스카드 안내

あの	저,
足	다리
ちょっと	좀
不自由	불편(부자유)
フィルチェア	휠체어
使えますか	사용할 수 있습니까?
もちろん	물론
どうも	감사합니다
それと	그리고

セルフ チェックイン カウンター	셀프체크인카운터
職員	직원
手伝う	거들다, 돕다
ように	~도록
手配	수배/준비
スカイパス・カード	스카이패스 카드
って	~라는 게
マイレージ カード	마일리지카드
色々な	여러가지
特典	특전
どんな	어떤
点	점
たまります(たまる)	쌓입니다
ボーナスチケット	보너스 티켓
アップグレード	업 그레이드
ホテル	호텔
無料	무료
宿泊券	숙박권
など	등
今	지금
すぐ	곧
なら	~라면
申し込む	신청하다

제15과 | 탑승안내 방송

皆様	여러분
より	~로부터

コリアン エアー	코리안 에어
開始<ruby>かいし</ruby>	개시
お呼び出し	호출
申し上げる	말씀드리다
おそれいる	죄송하다
ご案内	안내
まもなく	곧
手続き	수속
締め切らせる	마감하다
まだ	또한
済ませる	끝내다
お急ぎ	서두르셔서

제16과 | 탑승 게이트

お子様づれ	자제분 동반
一般席	일반석
番列	~번째 열
以後	이후
先に	먼저
次	다음
以前	이전
乳母車	유모차
ベビーカー	베이비 카
到着	도착
うけとる	찾다(받다)
それとも	아니면
ターン テーブル	턴 테이블

ライター	라이터
はいって います	들어있습니다
できない	불가능한/불가능하다
品物 _{しなもの}	물건
廃棄 _{はいき}	폐기
しか	밖에
方法 _{ほうほう}	방법
代りに _{かわ}	대신
自分で _{じぶん}	내가 직접
でしたら	그러시다면
職員 _{しょくいん}	직원
お供 _{とも}	동행

제17과 | 지연 및 결항 안내

~発 _{はつ}	~발
福岡 _{ふくおか}	후쿠오카
悪天候 _{あくてんこう}	악천후
~のため	~로 인해
遅れる _{おく}	지연되다
ご了承 _{りょうしょう}	양해
くださいませ	ください(주십시오)의 완곡한 표현
新しい _{あたら}	새로운/새롭다
決まる _き	정하다
しだい	~대로
困った _{こま}	곤란하다
関西国際空港 _{かんさい こくさい くうこう}	간사이국제공항
台風 _{たいふう}	태풍

欠航 （けっこう）	결항
可能性 （かのうせい）	가능성
いったん	일단
出発審査場 （しゅっこくしんさじょう）	출발심사장
入る （はい）	들어가다
あと	～뒤
続ける （つづ）	계속하다
案内放送 （あんないほうそう）	안내방송
よく	잘
聞く （き）	듣다

제1과   예약접수

1) にがつ じゅうごにち/ ごがつ はつか
2) しがつ いつか/ しちがつ じゅうさんにち
3) ろくがつ とおか/ くがつ さんじゅうにち
4) はちがつ ようか/ じゅういちがつ にじゅうよっか
5) じゅうがつ むいか/ いちがつ じゅうよっか

제2과   예약 재확인

1) じゅうさんじ にじゅっぷん 또는 ごご いちじ にじゅっぷん
2) じゅうごじ じゅうごふん 또는 ごご さんじ じゅうごふん
3) くじ ごじゅっぷん
4) じゅういちじ さんじゅっぷん 또는 じゅういちじ はん
5) じゅうにじ よんじゅっぷん
6) じゅうくじ にじゅうごふん 또는 ごご しちじ にじゅうごふん

제3과   예약변경

1) 자신의 성과 이름
2) 가장 친한 친구이름
3) 가장 좋아하는 영화배우를 써봅시다.

제4과   대기예약

1) げつようび、かようび、すいようび、もくようび、きんようび、どようび、にちようび

2) げつようび、かようび、すいようび、もくようび、きんようび、どようび、にちようび

3) げつようび、かようび、すいようび、もくようび、きんようび、どようび、にちようび

4) かようび、きんようび、にちようび

5) げつようび、すいようび、もくようび、どようび

■ 제5과　예약취소

1) スチュワーデス　　　2) フライト　　　3) リムジン　バス

4) チェクインカウンター　5) エアポート

■ 제6과　발권

1) ひとり　　　　2) ふたり　　　3) よにん　　　4) ごにん

■ 제7과　요금안내

1

1) 당신은 몇 살입니까?

2) 한국 소학생(초등학생)은 몇 살부터 몇 살까지 입니까?

2

1) CA:비행기(飛行機), 기내(機内), 외국어(外国語), 친절(親切) 등

2) 大学生 : 대학(大学), 공부(べんきょう), 수업(じゅぎょう), 교양(教養) 등

3) グラウンド スタッフ : 발권(発券), 미소(笑顔), 서비스(サービス) 등

제8과 지불방법

470,000원	よんじゅう ななまん ウォン
515,400원	ごじゅう いちまん ごせん よんひゃく ウォン
585,000원	ごじゅう はちまん ごせん ウォン
955,700원	きゅうじゅう ごまん ごせん ななはやく ウォン
1,051,300원	ひゃく ごまん せん さんびゃく ウォン
1,189,000원	ひゃく じゅうはちまん きゅうせん ウォン
1,307,900원	ひゃく さんじゅうまん ななせん きゅうひゃく ウォン

제9과 항공권 변경

1) 5시간 ごじかん
2) 4시간 10분 よじかん じゅっぷん
3) 3시간 20분 さんじかん にじゅっぷん
4) 15시간 じゅうごじかん
5) 6시간 ろくじかん

제10과 환불

1) お　　2) お　　3) お　　4) お　　5) ご　　6) お

제11과 탑승수속(1)

こんにちは/いらっしゃいませ/どうぞ こちらへ/お待たせ致しました/すみません
申し訳ございません/~は いかがですか 등

제12과 탑승수속(2)

1) おさけ　　2) こうすい　　3) みそ　　4) スプレイ　　5) キムチ　　6) かさ

제13과　탑승수속(3)

1) ネーム　　2) フライト　　3) デート　　4) イコノミークラス　　5) タイム

6) マイル　　7) とうじょうぐち　　8) とうじょうじかん　　9) ざせき

10) とうじょうけん

제14과　시설 및 스카이패스 카드 안내

1) めがね(안경) 등

2) イヤリング(귀걸이) 등

3) 時計(시계) 등

4) 指輪(반지) 등

5) ストキング(스토킹) 등

6) くつした(양말) くつ(구두) 등

제15과　탑승안내 방송

皆様、おはようございます(こんにちは)。

ただ今より、コリアン エアー742便、成田行きの

ご搭乗を開始させて いただきます。

日本航空より お客様のお呼び出しを 申し上げます。

木村様、木村様。 日本航空 5204便で 羽田へ ご出発の

木村様、おそれいりますが、日本航空のチェックイン カウンターまで

お越し ください。

제16과　탑승 게이트

라이타(ライター)　동물(どうぶつ)　골동품(こっとうひん)　도자기(とうじき)

일본도(にほんとう)　액자(がくぶち)　다이아몬드(ダイヤモンド)

① ソウル(はれ　ときどき　くもり)

② トウキョウ(はれ　ときどき　くもり)

③ ペキン(はれ)

④ ニューデリー(はれ)

⑤ アンカラー(はれ　ときどき　くもり)

⑥ モスクワ(ゆき)

⑦ ベルリン(あめ　のち　ゆき)

⑧ ロンドン(はれ　ときどき　くもり)

⑨ アテネ(くもり　のち　あめ)

⑩ ドバイ(はれ)

⑪ カイロ(はれ)

⑫ ヨハネスバーグ(くもり　のち　あめ)

⑬ クアラルンプール(はれ)

⑭ シドニー(くもり　のち　あめ)

⑮ バンクーバー(くもり　のち　あめ)

⑯ トロント(あめ　のち　ゆき)

⑰ ロサンゼルス(はれ　ときどき　くもり)

⑱ ニューヨーク(あめ　のち　ゆき)

⑲ リオデジャネイロ(くもり　のち　あめ)

MEMO

저자소개

김 영 심

한국외국어대학교 일본어과. 동대학교 대학원 석사.
일본나고야대학 일본문학 석박사.
현재 인하공업전문대학 항공경영과 부교수.

저서: <日本文化の時空>(일본, 2005), <일본영화 일본문화>(2006),
　　　<일본인의 종교와 삶>(2007), <그로테스크로 읽는 일본문화>(2008),
　　　<일본의 이해-체험과 분석>(2009) 등.
역서: <뜬구름>(2003), <이야기된 자기>(2004),
　　　<태평양전쟁의 사상-좌담회[근대의 초극]과 [세계사적 입장과 일본]으로 본 일본정신의
　　　기원>(2007) 등.

항공실무일어

초판인쇄　2010년 3월 22일
초판발행　2010년 3월 31일

저　　자　김영심
발 행 처　제이앤씨
등　　록　제7-220호

주　　소　132-040 서울시 도봉구 창동 624-1 현대홈시티 102-1206
전　　화　(02) 992-3253(代)
팩　　스　(02) 991-1285
전자우편　jncbook@hanmail.net
홈페이지　http://www.jncbook.co.kr
책임편집　김진화
일러스트　변아롱

ISBN　978-89-5668-777-3　03730　　　　　　**정가** 10,000원

* 이 저서는 2009학년도 인하공업전문대학 교내연구비 지원에 의하여 발간되었음.